王阳明心学与现代体育

陈 伟 著

北 京
冶 金 工 业 出 版 社
2021

内 容 提 要

本书对王阳明体育思想形成的背景、主要体育思想、体育经历与实践，以及意义进行论述，旨在更加详细完整地探究王阳明体育的内容，为其思想的研究和体育思想史的研究提供借鉴，从中探寻对我国现代体育发展的指导意义。

本书可供从事王阳明心学与现代体育研究的机构、个人学习和借鉴。

图书在版编目（CIP）数据

王阳明心学与现代体育/陈伟著．—北京：冶金工业出版社，2019.1（2021.7重印）

ISBN 978-7-5024-7964-0

Ⅰ.①王… Ⅱ.①陈… Ⅲ.①王守仁（1472—1528）—哲学思想—应用—体育事业—研究—中国 Ⅳ.①B248.2 ②G812

中国版本图书馆CIP数据核字（2018）第258756号

出 版 人 苏长永
地 址 北京市东城区嵩祝院北巷39号 邮编 100009 电话 (010)64027926
网 址 www.cnmip.com.cn 电子信箱 yjcbs@cnmip.com.cn
责任编辑 姜晓辉 美术编辑 吕欣童 版式设计 孙跃红
责任校对 郑 娟 责任印制 禹 蕊
ISBN 978-7-5024-7964-0
冶金工业出版社出版发行；各地新华书店经销；北京建宏印刷有限公司印刷
2019年1月第1版，2021年7月第2次印刷
710mm×1000mm 1/16；7.75印张；148千字；116页
48.00元

冶金工业出版社 投稿电话 (010)64027932 投稿信箱 tougao@cnmip.com.cn
冶金工业出版社营销中心 电话 (010)64044283 传真 (010)64027893
冶金工业出版社天猫旗舰店 yjgycbs.tmall.com

目　录

1 绪　　论

体育作为人类一种社会活动，它的产生主要基于人类生活与生产的需要而逐渐形成，并随着人类的社会进化而不断完善和发展。由于体育的产生与发展是一个历史的过程，人们对他的认识也呈现出一定的历史性。因此，所产生的认识与思想观念也具有一定的时间性与阶段性的特征。

体育的历史是人类文明与文化发展史的主要组成部分，是人类体育思想与体育实践的真实写照。具有悠久历史的中国古代体育，有着丰富的活动内容与多样的运动形式。但在广博的中华传统文化圈中，在总体上它却未能形成为一门独立的学科，它的发展始终依附或交织在与其他一些社会活动之中。因此，在我国古代体育实践中所产生的体育思想，总体上还带有一种不同于其他独立文化形式的特征。

在我国漫长的体育实践过程中，许多思想家、哲学家、政治家、养生家、医学家、军事家、教育家等，均从不同角度对体育进行理性的认识并提出各自的主张，造就出我国古代重要的体育思想理论基础。由于我国古代体育实践的依附性，它所形成与体现的体育思想往往与其他思想交织一起。比如儒家以伦理为基础的体育思想；道家以道法自然的体育观；墨家崇尚的体育主张和兵家攻防技术的体育战略；以及阴阳家对立统一的体育养生理念等。这些思想均从不同的立场形成起独特的体育思想理论。

理学起源于北宋，又称为道学，“西方称之为新儒学。新儒学可以说是关于‘人’的学问。理学所讨论的都是关于‘人’的问题，例如，人在宇宙间的地位和任务，人和自然的关系，人与人之间的关系，人性和人的幸福。目的是要在人生的各种对立面中得到统一，简单地说就是对立面的统一。”明代是我国思想家、哲学家辈出时期，其中以王阳明最为突出，他将理学的发展推向了一个新的高度。他精通儒、道、佛三家，集心学之大成者，是继孔、孟、朱熹之后的又一位儒学大师。他的思想不仅在当时产生了巨大影响，对后世也意义非凡。我国的黄宗羲、魏源、曾国藩、康有为、李大钊、熊十力、梁漱溟、陶行知等众多大家都深受“王学”思想的影响。在日本，阳明学派开山鼻祖“近江圣人”中江藤树，组织大阪平民起义的大盐中斋，韩国阳明学集大成者“江华学派”的代表人郑齐斗等人，都是阳明学的传承者与传播者。对于王阳明的研究不仅是对我国古代思想家、哲学家等众家研究中不可回避的重要人物，也是研究明代历史中不可忽视产生过历史变革的人物。

在现存对王阳明思想的研究中，主要还是集中于哲学、政治、教育、军事等方面，而对王阳明体育思想的研究并不多见，也不够全面与详细，而且多见于对王阳明养生、教育、军事思想研究中的夹杂。其中，郑振坤的《中国古代体育思想史纲要》和杨向东与张雪梅的《中国体育思想史》（古代卷）中以一节的篇幅从养生、军事、教育方面对王阳明部分体育思想作了介绍，明确提出了王阳明的体育思想，具有代表意义。但著作的研究还没有将王阳明体育思想介绍完整。我们以前人的研究为参考，从王阳明哲学、教育、军事、养生、自身经历几个方面探寻王阳明体育思想，旨在更全面、详细的对王阳明体育方面思想作出研究。研究王阳明体育思想，首先是对阳明体育方面思想研究的一种完善，有利于更加完整的去了解王阳明的整体思想和当时的政治、文化背景；其次是王阳明体育思想是我国古代体育思想中的一部分，对他体育思想的研究这对我国古代体育思想史、宋明理学家体育思想史以及明代体育史的研究具有一定借鉴意义；第三是从王阳明体育思想之中探寻对现代社会生活方式与养生等方面有意义的观念，为现代人的人生观、价值观、生活理念提供参考。

1.1 研究的目的和意义

本书旨在为王阳明思想的研究和体育思想史的研究提供借鉴，从中探寻对现实社会的指导意义。对王阳明体育思想的研究主要有思想层面与体育实践两个方面。首先是哲学中的体育观，万物一体为王阳明体育思想的主旨与前提，主要是关于人与万物的本质、人与万物的关系，以及对人类自身的认识。养德与养生是实现万物一体思想的具体表现，以致良知和知行合一为具体的方法和表现形式，最终达到对自身的养护与履行人对万物的责任。乐是心本身的状态，通过保持内心乐的状态促进身心的舒畅与健康。保持内心的乐最主要的是减少自身物欲的要求，不要泯灭内心良知。王阳明的生死观，体现了他对待生命的态度与大义面前舍生取义的儒者精神，而王阳明教育思想中的体育观主要体现在他的童蒙教育思想中。

在我国体育理论界，将当代体育划分为社会体育、学校体育和竞技体育三大板块。就其发展现状来看，表现为两个“金字塔”的形式。在体育活动参与量上，构成了以社会体育为塔基、竞技体育为塔尖的正“金字塔”。在体育活动的效能与质上，生成了以竞技体育与学校体育为塔基的倒置的“金字塔”。值得注意的是，社会体育发展缓慢及弱化的现象，并没有唤醒理论研究者的关注与思考。在我国，社会体育作为一个重大的社会课题，有其自身发展的内在的规定性。学校体育理论和竞技体育训练要求的机械搬迁，似乎很难摆脱社会体育发展的困境。由此，我们只有从社会体育的改革与实践中去寻找理论研究的线索。

（1）社会体育与体育社会化。

社会体育作为现代体育发展的一个重要标志，其普及程度与发展水平是衡量一个国家体育发展水平高低的重要参数。在我国，社会体育的范围被界定在健身、娱乐、休闲、医疗和康复为目的的体育活动之内。一般来讲，社会体育是指公民自愿参加的以增进身心健康为目的的群众性体育活动。参与的对象主要是广大人民群众，活动领域遍布广泛，参加人数众多、活动内容和形式丰富多样。在理论上，社会体育的发展依赖于国家经济的繁荣和人民群众生活水平的提高。具体表现为，城市体育、农村体育、机关和企事业组织的体育、民族民间传统体育，以及老年人与残疾人体育的蓬勃发展。但从我国社会体育的实际质量和效能来看，它与我国经济社会的发展和公民个体素质提高的要求，还存在着相当大的差距。应该指出的，我国社会体育发展理论研究的贫乏也是造成社会体育发展迟缓的重要原因，社会体育中理论范畴的研究具有体育活动实践无法替代的作用。我们认为，必须将体育社会化原理作为我国社会体育理论发展的逻辑起点，并以此作为社会体育、学校体育和竞技体育三者相互衔接、相互促进的基石。

（2）社会体育研究的意义及目标。

广义的体育，如果从目的、对象和社会影响等方面来考察，可划分为学校体育、竞技体育和社会体育。社会体育现已发展成为仅次于竞技运动的第二大国际性体育形式。社会体育在现代体育的发展中占有了一席之地。在我国，由于社会转型时期的到来，体育已不再仅仅关系到个人的身体状况，其发展中的个体调节因素日渐减少，体育融入了社会发展的轨道，不可避免地受到了社会各个方面和各种力量的制约、影响。社会体育研究有其必然性。

社会体育研究的现实意义重大。社会体育研究并非是一个纯理论范畴的界定，而应该是我国体育事业全面、健康、持续发展的一个现实。对社会体育研究的滞后，不利于我们确立国家体育发展的方向，尤其是在社会体育与竞技体育、学校体育之间难以建立和谐的对话关系，从而阻碍了整个体育社会职能的发挥。不可忽略的是，完备的社会体育发展体系在我国亟待建立，社会体育发展中的地域差异与不平衡状况有待进一步改善。

（3）应重视社会体育研究的理论意义。

社会体育研究并没有随着广义体育结构的分解而结束。恰恰相反，体育的分类研究是社会体育理论发展的良好开端。在对我国社会体育现实发展的观察中，极易发现社会体育研究缺乏深度，面临着许多难题。例如，我国社会体育发展的现状如何？社会体育与社会之间的关系如何？社会体育的内在机制和发展方向是什么？这一系列问题怎样在理论上寻找到突破口？因此，社会体育研究要加强对这些问题的探讨，进一步发展和完善我国的体育理论宝库。

从理论与现实的结合点上，拓宽社会体育研究的视野，有利于我们在实践中正确把握社会体育的目标。我国宪法和《体育法》在体育内涵的规定中，明确了社会体育、群众性体育活动的开展和人民体质的增强是体育事业的重点和体育工作的基本任务。可以说，这一基本任务也涵盖了学校体育和竞技体育的效能，证实了社会体育的基础作用。内容丰富、形式多样、时间安排灵活、组织机构自由等活动要素的优化组合，使得社会体育目标体系具有了开放性、广泛性和全民性特征。

(4) 中国社会体育发展的方向。

中国是人口大国，从个人的全面发展、劳动者的素质、社会进步的总要求来看，中国的体育人口势必呈现总量递增的趋势。社会体育和群众体育发展迅猛。当前，加强社会体育发展方向的研究，显得尤为重要。作者认为，建立全新的社会体育发展体系，从社会体育实践与趋势中概括体育发展的方向，是体育理论研究的现实课题和重要任务。

1.2 王阳明的思想体系

王阳明的思想不仅在当时影响巨大，就是在今天也一直影响着众人，成为学者们研究的热点。

1.2.1 哲学思想

王阳明哲学思想的形成主要源自于作者的人生经历，在经历了“龙场悟道”中感悟心即理、知行合一之说；历尽危难荣辱、起伏人生之后，自知天良未泯、坚守心中良知不可变，倡致良知之学。明末清初大儒黄宗羲在其《名儒学案》中就将王阳明“致良知”奉之为千古血脉。人的良知是人的本心所在，是知。致则是身体行为，是行的体现。王阳明的“知行合一”与“致良知”思想贯穿于他晚年成熟的“万物一体”思想中，在他《大学问》中得以体现万物一体思想就包含着王阳明的宇宙观与人生观上的认识，是他主要的哲学思想。“‘万物一体’是王阳明思想乃至宋明理学家的‘基本精神’或者说是‘共法’，此当为中外阳明学说之共识。”嵇文甫先生指出“万物一体”是阳明学一个主要问题，也是王学的一种“主要精神”。钱穆先生认为，宋儒之间虽然意见分歧，不相统一，但“万物一体”则是“全体一致的见解”。牟宗三先生在《王阳明致良知教》一书中也曾点出人物同体是宋明儒者之通义。日本学者岛田虔次认为：在中国思想史上，万物一体的思想第一高峰发生在程明道那里；而第二个高峰，则见于王阳明的思想之中。在国外，推动阳明学发展的陈荣捷先生直言：“万物一体之理论，为宋明理学之中心。由二程经过朱子陆象山以至于王阳明，莫不言之，而阳明之说此观念与仁之关系，最为直接。”钱穆先生在其《阳明学述要》中对王阳明主要哲学论题以及王学的流传几个方面进行了论述，给予了十分中肯的评论。虽然未对在王阳明晚年思想中万物一体思想单独论述，但在对王阳明《拔本塞源之论》与《大学问》的论述中进行了说明。他认为王阳明万物一体思想“是宋、明理学传统精神所在”。他讲‘明明德’与‘亲民’，内外交融，体用一贯，而以灵昭不昧的良知为分善别恶的准绳，即为‘至善’之极则。是从个人扩大到全体人类；从内心方面扩大到人生的知识、才能、事业；从人与人的相同之处到人与人之间的相异之处；从伦理问题到人的生活问题的理念。冯友兰先生在《中国哲学史新编（下）》中，将王阳明万物一体思想与宋儒程颢“与物同体”和朱熹思想进行比较分析，并将人与人、人与物之间不能同等兼爱以“爱有等差”来解释。从宋儒的思想中找出与阳明万物一体思想的共同点，将此类观点视为理学思想中的一种共性，解释了阳明万物一体这一仁者之爱在实际的生活中具体操作的可行性。陈来先生《有无之境——王阳明哲学的精神》中，从境界的角度将其分为有的境界和无的境界。王阳明哲学精神则是有、无境界的结合，是儒、道、佛三家思想不同成分的组成。在陈先生的著作中以王阳明哲学思想为研究基础，结合西方哲学思想，从王阳明哲学的发展历史进行分析，将史学分析、问题研究、比较哲学和史料研究合为一体来解释王阳明哲学思想，对理解与还原王阳明哲学具有很大帮助。将仁者以万物一体的思想，从人生境界的角度来论述，将思想行为与精神境界相联系，把这样一种境界看作是圣人或成圣的思想。陈立胜先生的《王阳明‘万物一体’论——从‘身—体’的立场看》从宇宙观的角度，结合古今、中外众多哲学家的思想论述“仁”与万物间的关系。从王阳明的自身经历来解释“乐”为心之本体的思想。陈立胜先生以王阳明万物一体思想、从宇宙观来论述他的哲学思想，对完善王阳明思想的研究意义很大，找到了阳明“心学”与“理学”思想中的共性。

王阳明认为作为理性内容的善（礼）和作为感性形成的美（文）是统一的，是“体用一源，而显微无间”的。也就是说，善要表现在美的形式之中，而美的形式同时也正是善的表现，具有善的意义，不是外在于善的东西。因此，他说：“《诗》也者，志吾心这歌咏情者也”；“《乐》也者，志吾心之欣喜和平者也”。“吾心”即良知、礼，是善的内容，而乐、诗只能是“吾心”的外在感性形式。由此，王阳明说：“文也者，礼之见于外者也，礼也者，文之存于中者也。”这里，他强调美是礼的感性显现。强调了善与美的统一，内容与形式的统一，社会与自然的统一，理性与感性的统一。在他看来，“礼”是存在于感性个体生命之中的体现人的主体意识和人格精神的道德律令，是对人的存在价值和意义的肯定。这体现了中国美学从道德境界走向审美境界，亦即达到“天人合一”的“至乐”境界的重要特征。

也正是从“至乐”境界出发，王阳明认为作为自然状态的“良知”无善恶、无美丑。他说：“至善者，心之本体。……不是有一个善，却又有一个恶来相对待也，故善恶只是一物。”又说：“良知本来自明。气质不美者，渣滓多，障蔽厚，不易开明。质美者渣滓原少，无多障蔽，略加致知之功，此良知便自莹彻。”虽然，“善恶只是一物”，“良知”本自是美（明）的，但在现实中，由于为世事所累，自求许多忧苦，自加迷弃，利禄缠身，使明镜般的“良知”不能朗现，才出了“过与不及”之善恶和美丑之分。为了解其障蔽，他提出“致良知”，要求人们应在“过与不及之处”多下功夫以致“中和”，并使美丑、善恶自融，显现出“吾心自有光明月，千古团圆水无缺”心灵境界。

王阳明认为，“乐”作为心之本体，圣人和普通人初非有别。只是普通人不能像圣人那样有“真乐”，其原因主要在于自寻忧苦迷弃，为世事所累，不能保持一种澄明的“虚灵”心境状态。这种“虚灵”的心理状态是审美活动得以进行的前提。“虚灵”不是无知无识的空虚，而是一种“人生山水须认真，胡为利禄缠其身”精神充实、不为世事所累和自由的状态。由此，一旦体悟到“良知”（一念开明），“反身而诚”，那活泼泼、怡悦自得的。为此，他提出了审美体验的两种基本方式，即顿悟式的“觉”和渐悟式的“体”。他说：“人若知这良知诀窍。随他多少邪思枉念，这里一觉，自去消融，真个是灵丹一粒，点铁成金。”所谓“觉”就是指主体的心理活动，是自我醒悟，对人生真谛的瞬间把握，同时也是自我心灵的升华。又说：“可知是体来听讲不同。我初与讲时，知尔只是忽易，未有滋味。只是这个要妙，再体到深处，日见不同是无穷的。”如果前者“觉”只注重了“顿悟”方式的话，那么，这里“体”则关注的是那种渐进性的生命体验过程方式。我们知道，对任何事物的认识或把握，都有一个从具体到抽象、由浅入深，从局部到整体的不断深化过程。对作为“至乐”境界的“良知”的体验，更是如此。在王阳明看来，“良知”是人生、社会、历史的统一体。“致良知”凝聚着他的审美方式对历史使命、社会责任、人生价值的认知和情感，更是他一生在功与过、荣与辱、达与穷之中细细品味人生，体验生命意义的理论升华。用生命体验人生意义是王阳明体验美学的最高境界，也是审美体验核心。

1.2.2 教育思想

王阳明一生不仅在哲学上的成就非凡，对教育也是情有独钟。他认为讲学教育学生是他最为快乐的生活。所以，不论是在他人生失意被贬龙场时，还是得以加官晋爵时都不忘办书院，讲学弘道。王阳明认为“为世之不治，在与学之不明。”梁启超先生针对当时教育界只说不做的积弊，出版《王阳明知行合一之教》，提倡阳明知行合一为“讲学宗旨”，并以《大学》原文相结合深刻阐释阳明知行合一观。邱汉生和张岂之主编的《宋明理学史》中，从“天泉证道”论阳明教育论，分别从启发诱导、学贵自学、循序渐进、因材施教四个方面介绍了王阳明的教育方法。张祥浩先生的《王守仁评传》中对王阳明教育思想分为“教论”与“学论”两个方面进行介绍。在“教论”中指明了王阳明的教育目的、教育方法，以及分别从童蒙教育、家庭教育、学校教育、社会教育几个方面介绍不同时期与不同教育场所的教育意义与重要性。在“学论”中回答王阳明有关为什么要学、怎样学、学了做什么等问题。张祥浩先生的著作中，不仅比较全面地介绍了王阳明的教育思想，而且对王阳明的教育经历也作了详细的介绍。以上作者关于王阳明教育思想的研究都是著作研究中的一部分，以章或节的形式呈现，并非为专门的王阳明教育思想研究专著。余文武先生的《王阳明教育思想研究》则是一本关于王阳明教育思想的专著，分别从教育目的、教育主张、德育思想、教育方法与教育内容，以及社会教育和蒙学教育几个方面进行研究。在书中，余文武先生从王阳明的哲学主张中论述教育的目的，并证明了王阳明思想的统一性，他的教育目的体现出哲学思想的主张。除此之外，相关的研究比较完善的还有薛荔立的硕士学位论文《王阳明教育思想研究》等。

“知行合一”的道德教育论。

所谓“知行合一”，不是一般的认识和实践的关系。“知”，主要指人的道德意识和思想意念。“行”，主要指人的道德践履和实际行动。因此，知行关系，也就是指的道德意识和道德实践的关系，也包括一些思想意念和实际行动的关系。王守仁的“知行合一”思想包括以下两层意思。

1.2.2.1 知中有行，行中有知，知行原是一个“工夫”

王阳明认为知行是一回事儿，不能分为“两段”，有知在即有行在，有行在即有知在，知不离行，行不离知，两者互为表里，不可分离，不可分割。他说：“知行原是两个字，说一个工夫”。“只说一个知，已自有行在；只说一个行，已自有知在”。“知之真切笃实处即是行，行之明觉精察处即是知，知行工夫本不可离，只为后世学者分作两截用功，失却知行本体，故有合一并进之说。真知即所以为行，不行不足谓之知”。

他把知行合而为一，知就是行，行就是知，行中有知，知中有行，行在知在，知在行在，相互包含，彼此融通。这就混淆了知行界限，否定了知行的本质区别，否定了知行的对立统一关系，在理论上是错误的。因为，知和行毕竟属于两个不同的范畴。他把属于思想意识范畴的“知”当作“行”，以知代行；又把属于实践和实际范畴的“行”当作“知”，以行代知。结果使知行混淆，模糊了知行关系。

但从道德教育上看，他极力反对道德教育上的知行脱节以及“知而不行”，突出地把一切道德归之于个体的自觉行动，这是有积极意义的。因为从道德教育上看，道德意识离不开道德行为，道德行为也离不开道德意识，二者互为表里，不可分离。知必然要表现为行，不行不能算真知。道德认识和道德意识必然表现为道德行为，如果不去行动，不能算是真知。王阳明认为“良知。无不行，而自觉的行，也就是知”。有其深刻道理。

1.2.2.2 以知为行，知决定行，销行以为知

王阳明说：“知是行的主意，行是在的工夫；知是行之始，行是知之成”。即封建道德是人行为的指导思想，按照封建道德的要求去行动是达到“良知”的工夫。在封建道德指导下产生的意念活动是行为的开始，符合封建道德规范要求的行为是“良知”的完成。

王阳明指出“我今说个知行合一，正要人晓得一念发动处便即是行了，发动处有不善，就将这不善的念克倒了，须要彻根彻底不使那一念不善潜伏在胸中，此是我立言宗旨”。意思是说，我心中的“良知”向外发动，表现显露出来就是“行”，“良知”发动时的主观意念、情感、动机等都可以叫做“行”。他有时还把一个人学习时的真切笃实的态度也叫“行”。这种以“一念发动处便即是行”，即是以知为行，以不行为行，销行以为知。为了论证以知为行，他说：“见好色属知，好好色属行；只见那好色时已自好了，不是见了后又立个心去好。闻恶臭属知，恶恶臭属行；只闻那恶臭时已自恶了，不是闻了后别立个心去恶”。意思是说，看见美色是知，爱好美色就是行；闻恶臭是知，厌恶恶臭就是行。见好色与好好色、闻恶臭与恶恶臭，是同时发生的，因而知和行是合一的。

为了贯彻他的“知行合一”的道德教育思想，他还提出了一些具体的道德教育方法。

(1) 静处体悟。

所谓“静处体悟”，实际上是静坐澄心，反观内省，摈去一切私虑杂念，体认本心，这是对董仲舒“内视反听”与陆九渊“自存本心”思想的继承与发展，也是受佛教禅宗的面壁静坐、“明心见性”思想的影响。如他所说：“前在寺中所云静坐事，非欲坐禅入定，盖因一吾辈平日为事物纷孥，未知为已，欲以此补小学收放心一段工夫耳”。他否认了“坐禅入定”的影响，却正是受了“坐禅入定”的影响，这是正统理学家的一贯手法。

(2) 事上磨炼。

王阳明认为如果一味追求静坐澄心，容易使人“喜静厌动，流入枯槁之病”，或者使人变成“沉空守寂”的“痴呆汉”，“才通些子事来，即便牵滞纷扰，不复能经纶宰制”。因此，他又提出“事上磨炼”。他说，“人须在事上磨炼做功夫乃有益；若只好静，遇事便乱，终无长进；那静时功夫，亦差似收敛，而实放溺也”。他这里说的“在事上磨炼”，去体认“良知”。他反对离开事物去谈“致良知”，认为只在口头谈“致良知”毫无意义，“离了事物为学却是着空”。

他主张道德修养要紧密同日常生活联系，“在事上磨炼”，才能落实“知行合一”。

(3) 省察克治。

王阳明还继承与发展了儒家传统的“内省”“自讼”的修养方法，提出“省察克治”。他说，“省察克治之功则无时而可间，如去盗贼，须有个扫除廓清之意。无事时将好色好货好名等私逐一追究搜索出来，定要拔去病根，永不复起，方始为快。常如猫之捕鼠，一眼看着，一耳听着，才有一念萌动，即与克去，斩钉截铁，不可姑容，与他方便，不可窝藏，不可放他出路，方是真实用功，方能扫除廓清”。他认为：“克已必须要扫除廓清，一毫不存方是，有一毫在，则众恶相副而来”。他进一步发展了传统的“克已内省”思想，强调了“拔去病根次”斩钉截铁地“扫除廓清”“一毫不存”。在他看来，如果在修养过程中，若不能用他所说的天理战胜人欲，即使剩下一丝一毫。那么，其结果必将是前功尽弃，“众恶相副而来”。我们可以从王阳明的唯心主义的道德教育思想中，看到他深刻地认识到两种道德斗争的重要意义。

1.2.2.3 “顺导性情”的童蒙教育论

王阳明十分重视儿童教育，他从“致良知”的要求出发，认为儿童时期“良知”保存最多，受蒙蔽最少，教育应从儿童时期抓起。

(1) 顺应性情与鼓舞兴趣。

王阳明认为，教学要注意儿童的年龄特点。他说“他抵童子之情，乐嬉游而惮拘检，如草木之始萌芽，舒畅之则条达，摧挠之则衰萎。今教童子，必使其趋向鼓舞，中心喜悦，则其进自不能已。譬之时雨风，沾被卉木，莫不萌动发越，自然日长月化。若冰霜剥落，则生意萧条，日就枯槁矣。”就是说，儿童的性情总是喜欢嬉游，而怕拘束与禁锢，就像草木刚刚萌芽，顺应它就会发展，摧残它就会衰退。所以，他主张对儿童的教育必须依据这个特点来进行，采取使儿童“趋向鼓舞”和“中心喜悦”的积极教育方法，才能使儿童的学习日有长进，就好像春风时雨被及草木一样，盎然生机。

(2) 自求自得与独立思考。

王阳明认为学习必须独立思考，强调自求自得，反对崇拜偶像、盲从教学的学习方法。他说，“君子之学求以得之于其心”。他认为如果儿童的学习就是有效的；反之，就不可能很好地掌握知识。因此，教师在教学中应引导儿童“各得其心”，而不能以儿童的所谓幼稚，来压抑、束缚儿童的思维。他主张从小培养儿童独立思考，不盲从，使之“深入心通”，长大后逐渐形成自己的观点而不轻易受别人左右。他说：“夫学贵得之心，求之于心而非也，虽其言之出于孔子，不敢以为是也，而况其未及孔子者乎！求之于心而是也，虽其言之出于庸常，不也以为非也，而况其出于孔子者乎”！他这种强调自求自得、独立思考、勇于怀疑、不盲从迷信，不人云亦云的精神是很突出的。他认为学习与其别人“点化”不如自己“解化”。他反对朱熹“为学之道在穷理，穷理之要在读书”的观点，认为“六经之实”都在“吾心”之中，单靠读书是不行的，必须考之于心。“求之于心”是根本，读书只是寻求工具寻找方法而已，犹如跛足人需要拐杖，只是为了帮助走路一样。反对盲从典籍，提倡独立思考，这是他教育思想的一个重要特色。

(3) 循序渐进与因材施教。

王阳明认为教学必须注意循序渐进。儿童学习应从现有基础出发，逐渐加深，沿着他“精气日足，筋力日强，聪明日开”的顺序发展。一个人从婴儿到成人有其发展的阶段性，比如种植树木，须栽培得宜，“从本原上用力，渐渐盈科而进”。儿童的接受能力达到何种程度，便就这个程度进行教学，不可说等。既不能要求过高过急，也不能停留在固定的低水平上。如果不顾儿童的接受能力，把大量的高深的知识灌输进去，就会像用一桶水倾注在幼苗上把它浸坏一样，对儿童有害无益。

王阳明认为人的资质是不同的，施教须“随人分限所及”，因人而异不可等；人的才能也互不相同，使他们“益精其能”，是学校教育的重要任务。他说：“人的资质不同，施教不可说等，中人以下的人，便与他说性说命他也不省得，也须慢慢琢磨他起来。”教学应注意各人长处短处。比如良医治病，目的在治病，并不是有一定的方剂，不问是何症候，必使人人都吃这一剂药，教学亦须与治病一样，要注意因人施教。

总之，他认为儿童的个性是存在差异的，每个人的自然禀赋也不一样，所以教学方法也应该因人而异。他坚决反对用一个模型来束缚儿童，主张通过教学发展每个儿童不同的个性。

在教学内容上，王阳明主张给儿童以“歌诗”“习礼”与“读书”三方面的教育，陶冶儿童的思想和性情。

1）“诱之诗歌”。他主张以唱歌吟诗的方式来教育儿童，这样有仅能激发他们的自身潜力，而且还能消除他们的顽皮，使他们多余的精力有发泄的机会，也能解除儿童内心的愁闷和烦恼，使他们开朗活泼起来，并能适度地表达其情感。

2）“导之习礼”。他主张以学习礼仪来教育儿童，这不但能使儿童养成一定的礼仪习惯，而且还能通过“周旋揖让”“拜起屈伸”等礼仪动作，“动荡血脉”“固束筋骸”，达到锻炼身体、健壮体魄的作用。

3）“讽之读书”。他主张通过读书，开发儿童的智力，增加儿童的句识，同时还能“存心宣志”，形成一定的道德观念和理想。

此外，王阳明认为还应有“考德”这门课，并作了具体规定。要求每天清晨，检查儿童在家里、街坊中的“言行心术”及“爱亲敬长”“步趋礼节”“忠信笃敬”等做得如何，要婉转地加心诲渝、开导再就席授业。从小训练儿童的道德行为习惯。

1.2.3 军事思想

王阳明一生战功显赫，他的军事思想被后人作为典范称赞学习。王阳明用兵在于安民，他的著作《陈言边务疏》等被后人作为军事思想研究的典籍。张祥浩的《王守仁评传》对王阳明一生的军事事件做了详细介绍。还专门论述了王阳明的兵略论，指出王阳明用兵以安民为本。针对当时武举的弊端，他提出要培养文武双全的将领。在平定南赣与两广的叛乱中，见当地兵弱将衰的现状，立即征集民兵，提出寓兵于民的思想。在专著中介绍了王阳明选拔将士的要求，以及用兵的谋略与统兵的基本方法。著作中对王阳明军事思想主要还以文献收索的资料为基础来介绍以及评论为主，这为王阳明军事思想的研究，提供了丰富文献资料。此外，对王阳明军事思想的研究还有史海威的《作为军事家的王阳明》、申荣的《历史文献所载王阳明军事活动评述》等论文。其中，以范中义的《王守仁的军事思想》一文对王阳明军事的研究较为完整。该文研究介绍了王阳明的相关军事事件，并从当时的政治情况分析祸乱的原因，与王阳明平定祸乱之后在当地所实施的体民政策，对王阳明的治军思想与战争谋略以文献史料研究为主，从王阳明的军事事例中介绍了他具体的军事谋略。对王阳明军事思想的研究，目前主要还是通过史料文献的研究介绍他的军事事件与用兵谋略，而对现在军事中的意义研究，还较少出现。

王阳明的军事活动，主要集中于正德十一年（公元 1516 年）至嘉靖七年（公元 1528 年）之间。期间，由其亲自指挥的大型战役共有大帽山之战，横水、左溪之战，桶冈之战，缚头之战，讨伐宁王反叛之战，平定思、田之战，镇压八寨、藤峡之战。纵观这些战役，每次均以少于敌人的兵力和较小的代价，而最后获得全胜。《明史 · 列传第八十三 · 王守仁》（以下简称《明史 · 王守仁传》）说：“比任疆事，提弱卒，从诸书生扫积年逋寇，平定孽藩。终明之世，文臣用兵制胜，未有如守仁者也。”以下仅以平定宁王反叛为例简要分析王阳明的军事才能。

王阳明一生最大的军事功绩，是平定南昌的宁王宸濠之乱。正德十四年六月，已经升任右副都御史的王阳明，被派往福建勘事，“以宸濠生日将届，取道南昌贺之。会大风，舟不得前。至丰城，知县顾佖变告，守仁大骇，遂弃官舟，取小艇，潜迹还赣 ...... 宸濠使人追之不及。”（《明实录 · 武宗实录》）王阳明为什么要逃跑？是因为朱宸濠以他过生日为机，扣押了前去祝寿的大批地方官员，胁迫他们随他“起义”，不从者皆斩之。因王阳明在南昌以南百里的丰城就获知朱宸濠反讯，因此躲过一动。王阳明很快到达吉安，与知府伍文定“征调兵食，治器械舟揖，传檄暴宸濠罪，俾守令各率吏士勤工”（《明史·王守仁传》）。很快，江西各地十几个知府、知县以及其他官员，各领着数百上千不等的兵士，前来王阳明麾下听令。当时，朱宸濠叛军势力浩大，总兵力六万有余，号称十万。敌我力量悬殊。“濠初反，即欲趋南京”（《明实录·武宗实录》）。而王阳明最担心的也是叛军直取南京。如果南京失守，宁王就有了称帝的资本，同时也占了地利，就很难消灭了。“守仁集诸守令、将议曰：‘贼若出长江，顺流东下，南都不保。吾欲以计挠之，使少进数日，无患矣。’”

为延缓叛军取南京，并给官军赢得兵力部署的宝贵时间，王阳明将“无中生有”演绎得十分精彩。王阳明精心设计了两封疑兵密书，发往各府县，称：“都督许泰、郄永将边兵，都督刘晖、桂勇将京兵，各四万，水陆并进。南赣王守仁、湖广秦金、两广杨旦各率所部合十六万，直捣南昌，所至有司缺供者，以军法论”（《明史·王守仁传》）。虚张声势，利用假宣传、假情报，扰乱宁王的视线，使他做出错误的判断，以为各路大军已经组成合围态势。同时使用反间计，给朱宸濠的两个军师李士实、刘养正密送蜡书一封，大意是感谢他们“迷途知返、为国效力之诚”，令二人及早敦促朱宸濠发兵攻取南京。这封挑拨离间的蜡书，又被叛军截获，“宸濠果疑。与士实、养正谋，则皆劝之疾趋南京即大位，宸濠益大疑”（《明史·王守仁传》）。就这样，朱宸濠在疑虑中，半个月过去了。见“皇军”各路均无踪影，“乃悟守仁绐之。”（《明史考证》）而王阳明正是利用这个时机，迅速集结起了约八万人的大军，并作好了相应的战斗准备，使宁王欲攻南京，已无可能。王阳明“无中生有”的缓兵之计，是导致朱震濠叛军最后失败的重要因素。

七月，宁王率六万人，攻下九江、南康，渡长江攻安庆。王阳明这时已经调集了八万大军（主要为各地民兵与农民），对外号称三十万。有人指出应该急救安庆，王守仁说：“现在九江、南康已经被敌军占领，如果我们越过南昌跨江救援安庆，就会腹背受敌。现在南昌空虚，我军锐气正盛，可以一举攻破。敌军听说南昌失守，定会回师来救，这时我们在鄱阳湖迎击他，肯定能取得胜利。”

南昌之战，其实是“虚实”观念在起作用。就敌人军力来说，当时敌人主力都在长江上，是“实的”一面，而南昌守备较弱，是“虚的”一面。取南昌，正是“避实就虚”。战国兵书《尉缭子·兵今上》云：“虚、实、秘者，兵之作也”。看来，王阳明应该熟知此说，并当之为至理。

南昌很快被攻破。朱宸濠果然自安庆回兵救南昌，浩浩荡荡，路经黄家渡。王阳明令知府伍文定率一军正面应敌，装作败逃。叛军紧紧追之。赣州知府等率伏兵突然从叛军背后杀来，另两支军在两翼包抄，伍文定则掉头反击，致使敌船队大乱，溃退到八字脑……朱宸濠无奈，将驻守南康、九江的兵力调来助战，王阳明派几路大军迎战并取南康。

这一仗打得很激烈，也是关键的一战。官军一度退却，王阳明部将伍文定立即斩杀了后退之人，命令诸军决一死战，最后终于打败了敌人。敌军退保樵舍地区，将大船结成方阵，宁王拿出金银珠宝犒赏将士，要求他们死力一搏。

但宁王军队的方阵被王阳明看出破绽，他决定仿效赤壁之战，放火烧船。第二天，宁王群臣聚集在一起，正在船上召开“早朝”会议，王守仁大军杀到，用小船装草，迎风纵火，烧毁了宁王的副船，王妃娄氏以下的宫人以及文武官员们纷纷跳水自杀。宁王的大船搁浅，不能行动，仓促间换乘小船逃命，被王阳明的部下王冕部追上擒获，宁王的其他文武大臣也成了阶下囚。不久，南康、九江也被官军攻陷，宁王之乱全面平息，前后只有三十五天时间。王阳明因此而获“大明军神”之称。整个战役，包括朱宸濠妃子娄氏、军师李士实、刘养正等，“斩擒贼党三千余级，溺水死伤者三万。弃其衣甲器杖财物，与浮尸积聚，横亘若洲”（《明史纪事本末·宸濠之叛》）。

后来，明武宗以“威武大将军朱寿”的化名出征，宦官有意释放宁王，让武宗与宁王打一仗并亲自俘获，藉此讨好皇上。王阳明对宦官张永动之以情、晓之以理，说明这样做会死更多人。最后协调结果是：让明武宗到了南京，再放出宁王让皇帝俘虏，高兴一下。

平宁王《记功碑》全文：

正德己卯，六月乙亥，宸濠以南昌叛，称兵向阙。破南康、九江，攻安庆，远近震动。

七月辛亥，臣守仁以列郡之兵复南昌，宸濠擒，余党悉定。当是时，天子闻变赫怒，亲统六师临讨，遂俘宸濠以归。

于赫皇威，神武不杀。如霆之震，靡击而折。神器有归，孰敢窥窃。天鉴于宸濠，式昭皇灵，以嘉靖我邦国。

正德庚辰正月晦，都督军务都御史，王阳明书。从征官属列于左方。

王阳明善于运用虚实、真假之谋略，因而落下“多诈”的名声。在其他一些战役中，他熟练运用多种兵法谋略，比如讨伐八寨、断藤峡之战时使用的“欲擒故纵”，而在桶冈、缚头之战中可以说是用了“笑里藏刀”之计。

王阳明作为我国古代为数不多的拥有卓越战绩的思想家，研究他心学思想的同时，不应忽视他的军事成就。王阳明作为杰出的军事家，不仅表现出一般军事家的成就还把他心学思想应用到军事上，有着非凡的功绩。

1.2.4 体育思想

王阳明体育思想的形成主要与当时的政治环境、学术现状、个人经历以及身体状况密切相关。我们对王阳明体育思想形成的背景、主要体育思想、体育经历与实践，以及意义进行论述，旨在更加详细与完整的探究王阳明体育思想的完整内容，为王阳明思想的研究和体育思想史的研究提供借鉴，并从他体育思想中探寻对现在社会有指导意义的方面。对王阳明体育思想的研究主要有思想层面与体育实践两个方面。首先是哲学中的体育观，万物一体为王阳明体育思想的主旨与前提，主要关于人与万物的本质、人与万物的关系，以及对人类自身的认识。养德与养生是实现万物一体思想的具体表现，以致良知和知行合一为具体的方法和表现形式，最终达到对自身的养护与履行人对万物的责任。乐是心本身的状态，通过保持内心乐的状态促进身心的舒畅与健康。保持内心的乐最主要的是减少自身物欲的要求，不要泯灭内心良知。王阳明的生死观，体现了他对待生命的态度与大义面前舍生取义的儒者精神。其次是王阳明教育思想中的体育观主要从他童蒙教育思想中体现。根据学生的年龄特征、生长特征和心理特征是安排教学内容与采取教学方式的前提。通过活动来促进学生知识的增长与锻炼身体，让学生保持轻松愉快的心情学习，这是他体育教育思想的主张。第三是在军事思想中，王阳明主张兵不在多而在精，选拔将领要求文武双全；征集武艺高强与善于骑射的士兵，根据士兵的特长实行分科训练的军事体育思想。介绍了王阳明有关习武、骑射、养生几个方面的体育经历。

目前，对于王阳明体育思想与体育实践的研究还比较少见，而对王阳明体育实践的研究多见于王阳明少年简介中。如张祥浩《王守仁评传》、杨国荣《心学之思——王阳明哲学的阐释》等著作，以及一些科研论文。而关于王阳明体育思想的具体研究作品，在郑振坤的《中国古代体育思想史纲要》与杨向东和张雪梅著的《中国体育思想史》（古代卷）中，都从军事、教育、养生几个方面介绍了王阳明军事体育思想、体育教育思想以及体育养生思想。郑振坤还从王阳明哲学思想中提出有关于“动”的思想，肯定对当时所提倡的宋儒“主静”思想的积极意义。这两本著作都明确提出了王阳明的体育思想，并从多个方面列举研究。这对王阳明体育思想的研究作了主要铺垫。但研究以整体概括为主，没有详细介绍，而且对王阳明体育思想的介绍也不全面。

1.3 研究方法

从体育的方面研究结合中西方文化，随着体育理论体系研究的不断深入，体育理论的框架不断完善，学术上对不同文明体系内体育大系所固有的特征已有了初步的界定。但是，由于东西方两种文明普遍存在的差异性，使得不同体育领域内展现出了各具特色的发展轨迹。为了弄清东西方两种文明内部体育发展的脉络传承，探析其各不相同的历史轨迹，针对相关资料进行分析，以史实资料为依据开展历史研究，围绕东西方各自的体育思想意识发展的历史实质展开分析与推理。在进行单独剖析的时候，主要是历史研究法及逻辑推理法等多种方法的综合运用，对过往历史中的体育成分进行较系统的讨论和分析，并在此基础上归纳其实质性内涵。以全新的角度透析东西两大历史渊源中体育实质的不同走向。对分析所得结果进行实质性的相关分析，更进一步对两种历史源流中的体育成分给与重新定位和评价。同时，展开对东西方两种体育模式的新论述，即：东方体育的实质（主流）是富含自然神韵的人文态养生模式，西方体育的实质为超越生命的展示模式，进而在这两种划分之上展开讨论，对东西体育的发展走向和运动趋势进行分析，并得出结论。深入揭示了东西方体育之间的实质差异和东西方体育范畴内特殊的普遍规律性。

2 相关概念界定

2.1 王阳明心学

2.1.1 心外无物

（1）王阳明的哲学主体是“心本体论”。也就是说，你所见、所闻、所感、所想就构成了你的全部世界。除此以外，对你来说，不存在另外一个什么世界。或者是说，另外一个所谓的客观世界对你来说不存在任何意义。

王阳明有一个著名的关于花的故事。有一次，王阳明和友人一起游南镇。此时正是百花盛开的春天，一路上，只见一丛丛艳丽的花树在山间时隐时现，飘来阵阵的芳香。朋友不禁指着岩中花树问：“你说天下没有心外之物，可是这些花树在深山中总是自开自落，和我的心又有什么关系呢?”王阳明回答：“当你没有看到此般花树时，花树与你的心一样处于沉寂之中，无所谓花，也无所谓心；现在你来看此花，此花的颜色才在你心中一时明白起来，可见，这花并不在你的心外。”他的意思是，你没看见花之前，花的存在与否，你既不能肯定，对你来说也不存在任何意义。你现在看到花了，花在鲜艳在你心中留下了印象，让你感到很开心，这时花对你来说，才是存在的，才是有意义的。

（2）你的所见、所闻、所感、所想构成了你世界的全部。那么，是不是你见到的越多，你的世界就越大？答案是：未必如此。

美国有个叫尼古拉斯的演员，他要环球演出。为了兼顾炒股票，他让股票经纪人每天发一封电报给你，把他所关注的几个股票的“最高价、最低价、收盘价”都发给他，然后根据这些信息，在头脑中构想出这些股票的波动情况。大意是，股价突破波动的“箱顶”，证明股价有向上的动量，买进；股价向下跌穿“箱底”，证明股价没有承托的力量，要平仓。他把这种理论叫“箱体理论”。他用这种办法，把自己的几万元美元炒到了一百多万元。

后来，他回到了纽约，在交易所附近专门租了个办公室，请了几位经纪人，时刻关注交易所的即时行情。按理说，行情细分到分钟图，甚至秒点，他应该操作得更好才对。事实上，潮水般的行情信息搞得他头昏脑涨。很快，一百多万元又亏空的只剩下几十万元了。

经过反省，他恢复了过去的做法，重新参加演出，远离市场，让经纪人每天按过去的方法给他发电报。他的头脑又变得清晰了，感觉得到了股市的脉动和节奏，看清了股价的走向。很快，他账户里的金钱又恢复到以前的一百万元以上了，而且在股市大跌之前就全部清仓了，躲过了惨痛的崩盘。

对尼古拉斯来说，那几个“最高价、最低价、收盘价”就是股市了，那潮水般的时分图，就是“日内噪音”了。但股票大亨西蒙斯不同意这种看法。他的团队里有世界上运转速度最快的电脑和服务器；他把办公大楼搬到交易所的旁边，就是为了快千分之几秒的优势；他所有的模式都是极短时间的日内操作，就是为了捕捉那种不正常的日内波动。对他来说，他的世界就是日内各种不同形式的波动，“目无全牛”。日内波动以外的东西，他根本就不关心。

所以，什么是你真实的世界？你能够把握的世界，才是你真实的世界。绝不是越大越好，也不是越多越好，而是你把握的确定性越高越好，越高越真实。

2.1.1.1 良知

王阳明的“良知”类似孟子所说的“人之初，性本善”或“隐恻之心”。说得现代一点，就是心对善恶的基本判断，或“大脑的基本机能”。

从这一点上说，每个人都有“良知”，而且每个人的“良知”都大致一样，就好像一部电脑，出厂时基本都附带装有“WINDOW××××”的软件。

因为每一个人都有良知，都能做出自己的正确的判断。所以，不要轻易相信别人，尤其不要轻易迷信权威。任何时候，别人的话，尤其是权威的话，都要经过自己思考，要过自己“良知”这一关。

每人都有“良知”，但有些人受欲望、贪婪、虚荣心等的蒙蔽，良知在其身上没有发挥作用。

2.1.1.2 本然与明觉

为什么每个人成长以后各有所长，所取得成就不一样呢？王阳明用“本然”和“明觉”两个概念来区分。

所有的电脑，出厂时都附带装上“WINDOW××××”的软件，这就是“本然”。

有些人，只是把电脑当打字机使用，基本上就使用“文本文件”，进步一点的使用“WORD”文档的基本编辑功能。他们的“明觉”就一直停留在只使用“本然”小部分功能的程度。

有些人，电脑买回来就注册激活了，随着“WINDOW××××”不断升级，同时不断地摸索使用功能，可以把“EXCEL”当数据库使用，甚至把“EXCEL”改编成新的软件。一样的“本然”，最后的功能不一样，就是说“明觉”是不一样的。

本然是人刚一出生时的“良知”，“明觉”是经过不断的“致良知”“事上磨练”后达到的境界。

2.1.1.3 致良知

如何把软件升级，如何不停探索开发软件新的功能，发挥它的最大功用？这个过程就是“致良知”。“致良知”有两个途径：一个是向内求索，一个是向外求索。向内求索是“内省”，向外求索是“事上磨练”，用我们现代的话说是“实践”。

“内省”是做减法，减少欲望，减少各种桎梏对内心的束缚，扫除各种灰尘对内心的蒙蔽，回归“本真”。

“内省”有两种，一种是“冥思”“打坐”，就是寻找自己的潜意识、寻找自己的内心，“聆听内心的声音”，弄清楚自己的真正想要的是什么，真正生活的目的、生命的目的。有一个富翁和渔翁的故事：一位渔翁在海边悠闲地晒着太阳。一位老富翁看见了，奇怪地问他，你为什么不去工作挣钱？渔翁回答说，为什么要去赚钱呢？富翁说，赚到很多钱之后，你就可以悠闲地在海边晒太阳了。渔翁回答说，我现在不就在晒太阳吗？是呀，你真正想要的是什么？如果只是悠闲地晒太阳，现在就可以晒了。很多人，奋斗了一辈子，最后才发现，自己奋斗来的结果，不是自己想要的。

所以，问问你的内心、“聆听你内心的声音”很重要。

另一种内省就是反思、反省、总结。善于总结的人才会进步。总结就是学习，也是“致良知”的一种途径。

“事上磨练”就是践行自己的“良知”，使自己的行事和自己的认识协调和谐。知而不行，不是真知；行而恰当，才是真知。一个只是在理论上学习掌握了知识的人，与一个通过亲身实践获得知识的人，不可同日而语。一个人从书本上学到游泳的知识，这只是书本上的知识。一个人学习了书本上的理论知识，又到水里了呛了水，掌握了游泳的实际技能，这种技能就是“良知”，他学习游泳的过程就是“致良知”。

2.1.1.4 知行合一

知行合一是王阳明最重要的哲学观点。“致良知”的过程一定要有“行”，不“行”能不谓之真知。“行”就证明你真正认同了“良知”。“行”的结果又可以从知识上、心理上完善你的“良知”。“行”和“知”是不能分开的，它们是浑然一体的。

知行合一可以避免陈过高之论，也可以检验“知”的真实性和可行性。锻炼身体对健康的好处，每个人都能说出来。但是，能说出来并不意味着能做得到。实际上，有多少人把锻炼身体看得跟“吃饭”“睡觉”一样重要，每天持之以恒的？

很多人认为心学是空谈，实在是被歪曲了。例如孝顺父母，心中有这个意念还不能算作孝，必须在实际行动中有所体现，并且在孝顺父母的过程中，奉养得宜，让父母舒适满意，这就是实践。表面上看，这个实践好像是在对客观的父母进行作用，其实是对自己的本心进行作用，万物皆在本心。这个孝顺父母的天理并不是在父母身上得到的，父母也没有教我们要我们孝顺他，这是纯粹发乎没有私心物欲的良知。而且父母死后，我们的孝顺之心也不因此消失。

讲究名正言顺是国人办事遵循的道理。所以，历朝历代的思想家们都想争儒家正统的地位。朱熹为了宣扬他的思想，减少反对他的阻力，首先做的一件事，就是篡改《大学》，按自己的意愿进行解释。其实，他的思想跟儒家的思想是有很大背离的。

同样，聪明的王阳明的心学完全是靠批判朱子之学发展起来的。但是，在刚开始时他至少在表面上还不敢和朱熹的思想分道扬镳。因为，当时的程朱理学是主流，科举考试考的就是这些内容。为了减少宣扬自己心学的阻力，他写了几本书，如《大学古本》，说心学才是儒家的嫡传。在《朱子晚年定论》中他说朱熹晚年已经逐渐向心学靠拢了，又把儒家学说按照自己的心学理论进行解释。例如，当时的另一位大思想家罗钦顺就对此进行了质疑，王阳明为了表明心迹说道：

孟子辟杨、墨，至于“无父无君”。二子亦当时之贤者，使与孟子并世而生，未必不以之为贤。墨子「兼爱」，行仁而过耳；杨子“为我”，行义而过耳。此其为说，亦岂灭理乱常之甚，而足以眩天下哉？而其流之弊，孟子至比于禽兽夷狄，所谓“以学术杀天下后世”也。今世学术之弊，其谓之学仁而过者乎？谓之学义而过者乎？抑谓之学不仁不义而过者乎？吾不知其于洪水猛兽何如也！孟子云：“予岂好辨哉？予不得已也！”杨墨之道塞天下，孟子之时，天下之尊信杨墨，当不下于今日之崇尚朱说，而孟子独以一人呶呶于其间，噫，可哀矣！韩氏云：“佛老之害，甚于杨墨。”韩愈之贤不及孟子，孟子不能救之于未坏之先，而韩愈乃欲全之于已坏之后，其亦不量其力，且见其身之危，莫之救以死也矣。呜呼！若某者，其尤不量其力，果见其身之危，莫之救以死也矣。夫众方嘻嘻之中，而独出涕嗟，若举世恬然以趋，而独疾首蹙额以为忧，此其非病狂丧心，殆必诚有大苦者隐于其中，而非天下之至仁，其孰能察之？其为《朱子晚年定论》，盖亦不得已而然。中间年岁早晚诚有所未考，虽不必尽出于晚年，固多出于晚年者矣。然大意在委曲调停，以明此学为重。平生于朱子之说，如神明蓍龟，一旦与之背驰，心诚有所未忍，故不得已而为此。“知我者，谓我心忧；不知我者，谓我何求”，盖不忍牴牾朱子者，其本心也，不得已而与之牴牾者，道固如是，不直则道不见也。执事所谓决与朱子异者，仆敢自欺其心哉？夫道，天下之公道也，学，天下之公学也，非朱子可得而私也，非孔子可得而私也。天下之公也，公言之而已矣。故言之而是，虽异于己，乃益于己也。言之而非，虽同于己，适损于己也。益于己者，己必喜之；损于己者，己必恶之。然则某今日之论，虽或于朱子异，未必非其所喜也。君子之过，如日月之食，其更也，人皆仰之，而小人之过也必文。某虽不肖，固不敢以小人之心事朱子也。

在这里，王阳明已经以孟子自居了，而把朱子看作了墨子、杨子一类的人物，彻底划清了界限，在形式上也分道扬镳了。

王阳明的心学是在陆九渊宋明理学中心学基础上进一步发挥而成就的。所以，要理清王阳明心学不得不提及陆九渊和朱熹对“理”“气”“心”几个关键点的不同理解。

“理”的分歧。朱陆都认为理是世界万物的终极本原。但是，陆九渊借助的是儒学天人合一的思维模式，以为“心即理”，万事万物皆由心而生发。“四方上下曰宇，古往今来曰宙，宇宙便是吾心，吾心便是宇宙”（《自杂谈》）。其与朱熹所说的“理为天地、人物存在之本，是先于宇宙而存在”明显不同。结果，朱熹主张由道问学，强调格物致知，即穷物理，强调学习知识的重要性，以为人的道德水准必将随着知识的增长而增进。陆九渊说“明心”，要尊德性，强调为学的目的并不仅仅在于增进知识，而是为了实现道德的至高境界。

因此，儒家经典的学习与研究、对外界事物的认知与把握，都不可能直接有助于实现增进道德境界的目的。因为人的本心就是道德的根源，因此只要扩大、完善人的良心结构就能实现增进道德的目的（从当前德育范式来看，学习知识的多寡并不决定道德水准，禹三过家门而不入、一心为公的公仆精神并没有高深的知识。但是，知识掌握的深浅有助于道德水准的增长。不过，这是由于学习者不把学作为致知目的而作为完善德性的追求之果。朱熹本人教育思想的核心是道德教育，而这种定位方式决定了难以达到道德的较高境界）。

“气”的分歧。陆九渊认为“气质”只是一个生理、心理意义上的问题，指的是人的一种心理或生理状态。他说，人的这种生理心理品性和人的社会行为之间虽有联系，但并不是必然的、唯一的关系，即人的气质并不能决定人的善恶贤愚，并不能决定人的最后归宿，学能变化气质。朱熹之气是和理相对的概念，既指宇宙万物生成的基础，构成万物的物质材料（一草一木），又指形成人物（善恶贤愚）之别的内在因素。

“心”的分歧。朱熹认为心是分为“人心”与“道心”的，道心是天理的体现，是“原于性命之王”，是义理之心，是人心的主宰；人心是气质的表现，故而必须接受道心的主宰和统领，此即“心统性情”。陆九渊认为人心道心只是从不同方面描述心的性质状态，如果将二者对立起来，则分明是“裂天人为二”，心是人的本质所在，是伦理本能（朱熹觉得形而上心为道心形而下则为人心，本质还是天理决定气的问题；陆九渊认定心就是理理就是心）。

心学，是由明代大儒王阳明发展的儒家理学。元代以及明初以来流行的理学强调格物以穷理，王阳明强调“心即是理”，即最高的道理不需外求，而从自己心里即可得到。王阳明的主张为其学生们继承并发扬光大。其中，又以泰州学派（又被称作左派王学）将其说法推向一个极端，认为由于理存在于心中。因此，“人人可以成尧舜”，“天地虽大，但有一念向善，心存良知，虽凡夫俗子，皆可为圣贤”，即使不是读书人的平民百姓也可以成为圣人。

王阳明作为道德哲学家，认为道德并非来自于外界，“向善”是人先天本来具有的潜能，他承接起孟子的“良知良能”说，高扬良知自由，张扬人的道德主体性，主张人人皆可成。在当时的背景下，阳明道德主体性思想的提出，就既是对历史上曾重视个体能动性和自我价值火花的承袭，又是对程朱理学笼罩下压制个体自我的抗议，这些思想对于构建当世伦理无疑具有重要意义。王阳明心学研究蕴藏着许多新的内容，在新的时代背景和视域下，要研究的问题也日渐其多，但道德主体性的研究还不够充足，专门研究阳明心学道德主体性思想的文献尚不多见，我们对其做一个较为全面的诠释或解读，是一项具有丰富文献意义的创新工作，对于深化王阳明心学研究具有一定的学术价值。王阳明心学的提出有其独特的社会渊源，但时过境迁，当今之世心学教法是否已经过时，是否仍然适用，是否可以作为构建当代道德的思想资源等，诸如此类的问题都需要我们对阳明心学作一系统的解读和整理。王学融汇了多家学说之理念，对儒释道墨或批判或吸收，由此也与诸家结下了不解之缘。在对王学的分析中，横向比较诸家理论有助于分析鉴别各理论的独特与优势，从而促进理论研究的进展。此外，我们还进一步了说明心学纲领“四句教”法所蕴含的一般哲学意义，诠释其中的哲学问题，努力将相对抽象的教法变得清晰。我们虽然立足于王阳明，以梳理、分析阳明的思想为主，但其间涉及先秦诸家及宋明理学家思想的内容也为数不少。这样一来，对经典的挖掘也是十分必要的。我们不特别涉及阳明道德主体性思想产生的社会生活土壤，而较多注意此思想本身的逻辑结构，使心学道德主体性的内容更为显豁，更有一贯性。我们试图采用古代文本和现代问题相结合的方法来发掘道德主体性对解决现代道德问题的有益因素。在解读内容上侧重于从今天的具体境遇中加以理解和掌握，沟通过去和现在，主要挖掘心学中的道德内核；在解读方式上，主要针对现代人面临的道德困境，对阳明的相关思想进行道德意义上的解读，努力把阳明的心学智慧融进现代生活，以寻求对读者有启迪的思想资源，我们本着历史与逻辑相统一、理论与实践相结合的思路，侧重于心性精微处的体验和修养功夫的论辩。

2.2 现代体育的产生与发展

“体育”一词，据资料记载，最早是法国人于 1760 年在法国的报刊上论述儿童身体教育问题的论文时首先起用的（Education Physique<法>），现在国际上普遍用“Physical Education”，泛指“体育”。它的本意是指以身体活动为手段的教育，直译为身体的教育。“Sport”一词一般认为源于拉丁语“Disport”，它的本意是指离开工作去游戏、玩耍、进行娱乐活动等。后来逐渐形成具有新含义的一个概念，即竞技运动（竞技体育）。

但是，体育概念的出现晚于体育活动的产生。体育活动的历史非常悠久，但“体育”这一术语却是在近代才出现的，在人们对体育整体进行认识和研究所经历的探索过程中，对体育概念的描述这一问题一直受到人们的关注。从历史的发展中，可以追溯到“体育”概念的变化轨迹。

体育作为人类文化的重要组成部分，是随着人类社会的发展而逐渐形成和发展起来的。据史学家和考古学家的研究，人类早在原始时代就把走、跑、跳跃、投掷、攀登、爬越等作为最基本的生产劳动和日常生活的技能、本领传授给下一代。这是人类教学的萌芽，也是体育活动的萌芽。体育的发展与教育、军事、科学技术的发展，以及人们的宗教活动、休闲娱乐活动有着密切的关系。必须指出，体育在其整个历史发展过程中，是受一定的政治经济所制约，并为一定的政治经济服务。体育的发展大致经过了以下三个时期：原始的体育萌芽时期，自觉从事体育时期，形成与完善体育制度时期。经过这三个时期，逐步形成了现代的体育体系。其中，竞技体育的发展更是推动现代体育发展的主要动力。

说到体育的发展，也就引出了体育史学。体育史学由狭义的体育史研究拓展到广义的体育史研究。传统的体育史学仅仅就体育历史本身进行描述和研究，而新的体育史学则是对体育与政治、阶级、文化、宗教、军事、司法、人权、经济、社会、地理、传播等关系的研究，从而使体育史的研究范围与领域大大拓展延伸，出现了体育经济史、体育教育史、体育新闻史等交叉学科。另外，体育史学改变了以往远离世界体育发展实践的传统，开始直接面对体育发展的现实需要，如体育与社会稳定问题，体育与教育体制问题等。而且，体育史研究方法的革命，改变了传统的考古学、典籍学、口述史等方法，大量使用人类学、统计学、心理学、社会学、跨文化比较等方法。

（1）竞技体育的发展史实际上是一部身体暴力演变史，身体暴力既是竞技体育的表征，也是竞技体育的本质。从古希腊、古罗马时期的竞技运动会，到中世纪的宫廷体育、骑士比武、民间游戏，西方工业化社会初期竞技运动的兴起，再到以现代奥林匹克运动会为代表的竞技运动全球化的发展，身体暴力并没有随着竞技体育的发展而逐渐减少，在某些竞技运动中，还呈现出扩大化、泛化的趋势。西方竞技体育中身体暴力的演变，体现了竞技体育文明发展的方向，同时产生一些新的问题。现代西方竞技体育并不同于古代和中世纪，现代竞技运动与古希腊和中世纪的竞技运动并没有本质关联，但在身体暴力的演化方面却有紧密联系。

（2）西方体育发展史大体可以分为以下几个阶段。

1）古希腊体育运动：超越神话（公元前1000年~公元前100年）。

2）罗马运动项目：观众与角斗士（公元前100年~公元500年）。

3）中世纪的运动：领土与民众的隔离（公元500年~公元1300年）。

4）文艺复兴、宗教改革与启蒙运动：休闲的运动（公元1300年~公元1800年）。

5）工业革命时期：标准化运动形式的出现（公元1780年至今）。

（3）古希腊是西方历史的开源，持续了约650年（公元前800年~公元前146年）。位于欧洲南部，地中海的东北部，包括今巴尔干半岛南部、小亚细亚半岛西岸和爱琴海中的许多小岛。公元前5世纪、前6世纪，特别是希波战争以后，经济生活高度繁荣，产生了光辉灿烂的希腊文化，对后世有深远的影响。古希腊人在哲学思想、历史、建筑、文学、戏剧、雕塑等诸多方面有很深的造诣。这一文明遗产在古希腊灭亡后，又被古罗马人延续下去，从而成为整个西方文明的精神源泉。

古希腊位于地中海北岸，巴尔干半岛南端，地处亚洲、欧洲、非洲的交汇点。希腊有漫长而曲折的海岸线和众多的岛屿。希腊的地理位置十分优越，海上贸易十分发达，这使它成为世界上各种文化的交汇点和集散地。希腊境内山地多而耕地少，因而希腊人们的生活方式有别于中国古代的传统的农耕文化，而是典型的海洋文化，也就是说具有比较明显的外向性。希腊的地理条件从某种程度上影响了人们的生活方式，希腊人好动，性格豪爽，比较崇尚健美的身体。古希腊在科学方面有突出的成绩，尤其在哲学、数学、医学、等方面，这为希腊人从事体育运动打下了坚实的基础。

公元前2000年，在这里出现了克里特文明，大约在公元前12世纪消失。在这个时期出现了军事训练的体育，他们使用的武器有弓箭、长矛、短剑。公元前11世纪~公元前8世纪是历史上的“荷马时代”，这是古希腊从原始社会向奴隶社会过渡的时期，在《伊利亚特》中记叙了战车、拳击、摔跤、长跑等体育项目，在《奥德修纪》中有投重物、跳跃、摔跤、拳击、射箭、掷标枪、掷铁饼等记载。公元前8世纪，古希腊进入了奴隶制城邦时代，在古代希腊，大约有200多个城邦。其中，比较强大的、体育制度比较典型的有雅典和斯巴达两个城邦。

斯巴达城位于中拉哥尼亚（Laconian）平原的南部，欧罗塔斯河（The Eurotas River）的西岸。斯巴达城是个战略要塞，三面环山，扼守着泰格特斯山脉（Taygetus）。斯巴达以其严酷纪律、独裁统治和军国主义而闻名，斯巴达的政体是寡头政治。在伯罗奔尼撒战争中，斯巴达及其同盟者战胜雅典军队并霸权整个希腊。但斯巴达在称霸希腊不久便被新兴的底比斯打败，在北方的马其顿崛起后，斯巴达失去了在希腊的影响力。

雅典在公元前 1000 年成为古希腊的核心城市。从公元前 9 世纪晚期到 8 世纪初，雅典已有贵族的豪华墓葬，铁器和青铜生产也发展迅速，达到建立城邦——早期的奴隶制国家的程度。梭伦是雅典城邦的第一任执政官，庇西特拉图是他的继任者。在他们统治时期，雅典工商业有显著发展。公元前 5 世纪成为西方文化的摇篮。公元前 492 年，希波战争爆发，波斯在几个大的战役中都遭到失败，直到公元前 449 年希波双方缔结和约，战争才结束。公元前 431 年 6 月，雅典和斯巴达之间的伯罗奔尼撒战争爆发，历时二十余年，以雅典失败告终。

表 2–1　雅典、斯巴达体育比较

比较项目	雅典	斯巴达
政治、经济背景的不同	奴隶制民主制	贵族领导制
体育指导思想的不同	全面发展	全民皆兵
对男女参与体育态度的不同	重男轻女	男女平等

提到古希腊也就必然要提到古代奥运会。古奥运会从公元前 776 年起，到公元 394 年止，经历了 1168 年，共举行了 293 届。按其起源、盛衰，大致分为三个时期。

1）公元前 776 年~公元前 388 年。公元前 776 年，伯罗奔尼撒的统治者伊菲图斯，努力使宗教与体育竞技合为一体。它不仅革新宗教仪式，还组织大规模的体育竞技活动，并决定每 4 年举行一次。时间定在闰年的夏至之后。公元前 776 年的古代奥林匹克运动会就正式载入史册，成为古代奥运会的第 1 届。当时仅有一个比赛项目。即在距离为 192. 27 米的场地跑。这一时期各城邦之间虽有纷争，但希腊是一个独立的国家，政治、经济、文化都较发达，是运动会的黄金时期。特别是公元前 490 年，希腊雅典在马拉松河谷大败波斯军之后，民情奋发，国威大振，兴建了许多运动设施、庙宇等，参赛者遍及希腊各个城邦，奥运会盛极一时，成为希腊最盛大的节日。

2）公元前 388 年~公元前 146 年，开始衰落。由于斯巴达和雅典长期的伯罗奔尼撒战争（公元前 431 年~公元前 404 年），希腊国力大减，马其顿逐渐吞并了希腊。马其顿君王菲利普还亲自参加了赛马。随后，亚历山大大帝虽自己不喜爱体育活动，仍积极支持，并视奥运会为古希腊的最高体育活动开幕式，并为其增添设施。不过，这一时期古奥运会精神已大为减色，并开始出现职业运动员。

3）公元前 146 年~公元 394 年，古奥运会由衰落走向毁灭。罗马帝国统治希腊后，起初虽仍举行运动会，但奥林匹亚已不是唯一竞赛地了。如公元前 80 年第 175 届奥运会，罗马就把优秀竞技者召集在罗马比赛，而奥林匹亚只举行了少年赛。这时职业运动员已开始大量出现，奥运会成了职业选手的比赛，希腊人对之失去了兴趣。公元 2 世纪后，基督教统治了包括希腊在内的整个欧洲，倡导禁欲主义，主张灵肉分开，反对体育运动，使欧洲处于一个黑暗时代，奥运会也随之更趋衰落，直至名存实亡。公元 393 年，罗马皇帝狄奥多西一世宣布基督教为国教，认为古奥运会有违基督教教旨，是异教徒活动，翌年宣布废止古奥运会。公元 895 年，拜占庭人与歌德人的阿尔菲斯河发生激战，使奥林匹亚各项设施毁失殆尽。公元 426 年，狄奥多西二世烧毁了奥林匹亚建筑物的残余部分。公元 522 年、511 年接连发生的两次强烈地震，使奥林匹亚遭到了彻底毁灭。就这样顺延了 1000 余年的古奥运会不复存在了，繁荣的奥林匹亚变成了一片废墟。

4）古罗马通常指从公元前 10 世纪初在意大利半岛中部兴起的文明，历罗马王政时代、罗马共和国，于 1 世纪前后扩张成为横跨欧洲、亚洲、非洲的庞大罗马帝国。到 395 年，罗马帝国分裂为东西两部分。西罗马帝国夭亡于 476 年。东罗马帝国（即拜占廷帝国）变为封建制国家，1453 年为奥斯曼帝国灭亡。

古罗马帝国初期是西方奴隶制度高度发展的时期，政治上保持了长期的稳定统一，经济上得到进一步发展，文化上兼收并蓄地中海和世界各种文化，表现出海纳百川的文化气魄。在这一社会母体中孕育的体育也得到较大发展，并深刻烙有古罗马社会文化的特征。古罗马初期的体育盛会，举办的目的往往是向诸神谢恩，举办之初常伴有宗教仪式，带有浓厚的宗教色彩。古罗马时期的体育竞技通常依附于祭神的节日而开展，故受到宗教的深刻影响。古罗马帝国建国之初，人们大部分时间在田间辛苦劳作，并无太多休闲之日，只有在祭神节时，才可以纵情享受生活的快乐。所以，古罗马每逢节日都要举行体育赛会或竞技会。

进入帝政时期（公元前 30～公元 476 年）后，军人逐渐职业化，普通人不再参加军事训练，奴隶主上层只需要擅长演说和辩论的人才，文法学校、修辞学校应运而生。

罗马公民过着腐朽的享乐生活，对体育的军事价值和道德目标已经不感兴趣，只热衷于举办豪华的竞技活动，观看残忍激烈的角斗和模拟海战，或为了个人健康和消遣娱乐而进行的一些轻松的活动。而对身体强壮的年轻战俘或逃亡未遂的奴隶进行刺杀和摔跤训练，就是供奴隶主贵族和平民观赏取乐的角斗士。

古代奥运会这一被民众疯狂追逐的暴力传统到了古罗马时代，就变成了集体嗜血、观摩死亡的竞技场。角斗士之间，角斗士与野兽，每一场竞技都必须以死亡为结局，而且日益扩大规模、日益别出心裁，民众为之陶醉。民主在古希腊、古罗马时代就充满了暴力和血腥。直到基督教出现，罗马教会彻底取缔了奥运会，以及竞技场，而更主要的原因是，奥运会祭祀宙斯，对于基督教来说，属于真正的异教。罗马教会取缔古代奥运会大约是在耶稣诞生400年以后。有意思的是，耶稣临死前头上戴桂冠的传统也来自古代奥运会。所不同的是，古代奥运会戴的是橄榄枝做的荣耀桂冠，而耶稣被迫戴的是荆棘做的痛苦桂冠。

在西方，体育是与平等自由联系起来的。古代罗马竞技场上，只要奴隶争得了优胜，就可能争得自由。因此，体育不但是大众化的，而且天然就有着平等精神。也就是说，在古希腊阶段只能在自由民当中进行的体育活动，在古罗马阶段，就有了通过体育达到自由和平等的内涵。

5）中世纪（约公元476年~公元1453年）是欧洲历史上的一个时代（主要是西欧）。自西罗马帝国灭亡（公元476年）数百年后起，在世界范围内，封建制度占统治地位的时期，直到文艺复兴时期（公元1453年）之后，资本主义抬头的时期为止。“中世纪”一词是15世纪后期的人文主义者开始使用的。这个时期的欧洲没有一个强有力的政权来统治。封建割据带来频繁的战争，造成科技和生产力发展停滞，人民生活在毫无希望的痛苦中。所以，中世纪或者中世纪早期在欧美普遍被称作“黑暗时代”，传统上认为这是欧洲文明史上发展比较缓慢的时期。

很难想象在基督教教义严格控制身体行为的中世纪，骑士比武会盛行一时。骑士比武最早出现在法国的普罗旺斯，公元11世纪末开始传到欧洲其他国家。由于骑士比武模拟实战，因此早期的骑士比武是非常暴力的，死亡事件经常发生。1194年奥地利的利奥波德六世、1223年荷兰的弗洛瑞斯三世、1234年弗洛瑞斯四世、1268年勃兰登堡伯爵约翰、1294年布拉班特的约翰一世等先后死于骑士竞技场。几乎每年都有一大批的骑士在比武场上丧命。

13世纪中后期，骑士比武的规则得到了规范。1520年后“群战比武”在欧洲基本上消失了。到了16世纪中叶，伴随着骑士制度的逐渐衰落，比武大会也逐渐退出历史舞台。1605年，国王亨利四世禁止骑马比武，宣告了骑士比武历史的终结。

骑士比武的仪式、规则处处体现了军事性的模仿。早期的骑士比武作为与实战相似的军事游戏来举行，既没有裁决也没有颁奖仪式。由于骑士们不愿意接受束缚，比赛规则也只是当作摆设。后期的骑士比武被赋予了政治意义，用以炫耀国家武力，进行威慑宣扬。政治意义的象征依旧无法避免暴力，国王们也不惜通过流血而维护国家荣耀，骑士比武已成为另类战场。

中世纪的欧洲是一个二次元对立特征的时代，其中灵魂与肉体之间是二元对立特征的一个主要方面，而骑士制度中的骑士培养教育，就是典型的违反了灵肉二元对立特征的一种教育制度，骑士制度的培养方式体现出对当时教会意识形态的背叛，也体现了对古希腊斯巴达军事体制培养制度的继承性，这种制度同样具有身体练习，同样具有培养勇敢的因素，也同样具有强烈的竞争行为。

6）中世纪后期欧洲概况。公元10~11世纪以后，随着生产力的发展，产生了手工业和商业中心的城市，在封建社会内部萌发了资本主义，以手工业者和商人为主的市民阶层登上了历史舞台，产生了不同于贵族与牧民的市民体育。

公元13~15世纪，随着工商业的进一步发展和城市的扩大，新兴资产阶级的力量也越来越大，新的意识形态逐渐形成，新的时代和新的体育呼之欲出。

中世纪后期，随着工商业的发展和农奴地位的改善，一大批工商业发展起来，城乡的生活开始发生变化。在农闲时期和重要的宗教节日期间，以村庄为中心的各种民俗活动逐渐增多。足球的原型在9世纪时已经在英国出现。

除原始足球外，棒球、板球、缒球、摔跤、投石、赛跑、使用棍棒的比武、滑冰、赛马、跳舞、跳跃以及攀登陡坡或盘旋形坡地的游戏，也在欧洲民间广泛流行。斯堪的纳维亚半岛农民的滑雪、荷兰的高跷和滑冰、爱尔兰和苏格兰的掷竿、链球，巴斯克人的回力球，瑞士和巴尔干农村的投石游戏也极为普遍。

可以说，现代竞技体育的是从西方发展而来的。而且西方传统文化注重事物的区别，突出个性，强调进行斗争，永不满足的追求。在体育上则表现为个体为本、优胜劣汰，因而他们要通过锻炼使自已的身体强壮、能力突出，凭个人的超凡能力在竞争中取胜。因此，可以说西方体育是一种“以身为本”的体育。加之西方的美学着重于写实、模仿和再现，因而西方的人体雕塑艺术才会那么完美。西方体育在其影响下表现出明显于外的特点，通过人体表现出力量之美、速度之美、柔韧之美、灵巧之美，认为审美的对象是人，突出和崇尚人体形象的真与美，例如西方的健美运动，就是对人体健与美的崇尚。锐意进取的精神，不断追求自然体力的审美特征，促使西方竞技体育的运动动作结构、造型不断创新，难度和惊险度也日益增大，例如体操运动等，与如今的现代竞技体育思想也更为接近。

综观体育的历史，体育的产生与发展经历了一个漫长的从自发、自在、自觉逐渐发展到自为的复杂过程。在这个过程中，体育经历了自发、自在、自觉的古代发展阶段，在步入自为阶段，现代体育也随之形成。

文艺复兴把人类带入了自觉审视自身的新阶段，人的生活乃至人体都逐渐对象化，逐步成为人类认识甚至改造的对象。17~18世纪的科学技术革命和19世纪的工业革命，极大地扩展和提高了人类的认识能力，身体活动与人类自身自然变化之间的联系及其规律一步步被揭示。人类不仅自觉地运用身体活动，而且能利用对身体活动的科学认识有意识地设计、改革和完善自身自然，科学化成为这个时代体育的基本特征。现代体育是科学的体育、自为的体育，无论在宏观（对社会）还是在微观（对个人）意义上，体育都已经成为人类有意识、有目的、有计划的行为，其基础是工业社会、科学技术和全球化的发展。

国际上一般将现代体育分成两部分，一是以奥运会为核心的竞技体育（精英），一是普通民众的大众体育。我国的现代体育一般分为三部分，即竞技体育（运动员）、学校体育（学生）、社会体育（民众）。这三部分体育各自的目标、职责及要求，在《中华人民共和国体育法》中，均有相应的规定。

3 王阳明心学体育思想形成的历史背景

3.1 王阳明生平

王阳明，幼名云，后改为守仁，字伯安，生于明宪宗成化八年（公元 1472 年），卒于明世宗嘉靖七年（公元 1529 年），谥文成，享年 57 岁，祖籍浙江余姚人，一生所经明代宪宗成化、孝宗弘治、武宗正德、世宗嘉靖四朝。少时随父迁家于山阴（越城），不久于越城不远处的阳明洞天结庐，自号阳明子，学者称之为阳明先生，是明代最具影响的思想家、哲学家、教育家、军事家，“心学”思想集大成者。阳明自幼聪颖、过目成诵，“一生文章、事功与圣业并举，文武兼备。”友人黄绾宗《阳明先生行状》中谓“公生而天资绝伦，读书过目成诵。少喜任侠，长好词章、仙、释，既而以斯道为己任，以圣人为必可学而至。”少年之时，“初溺于任侠之习，再溺于骑射之习。”15 岁曾出游居庸三关，留心边事，“概然有经略四方之志”，“询诸夷种落，悉闻备御策；逐胡儿骑射，胡人不敢犯，经月始返。”26 岁于京师学兵法“当时边报甚急。朝廷推举将才，莫不遑遽。先生念武举之设，仅得骑射搏击之士，而不能收韬略统驭之才，于是留情武事，凡兵家秘书，莫不精究。”“青年时代的王阳明与多数宋明理学家一样，也经历了一条‘出入释老’而‘归本孔孟’的思想历程。”28 岁举进士，授刑部主事，后改兵部。入仕之后踏坎坷政治生涯。34 岁时，因冒死抗谏，反对宦官刘瑾把持朝政，为此受杖下狱，苟留余命，后被贬贵州龙场。历经生死，所处困苦环境之中，默坐静思圣人处此将何为？一夜忽大悟“不觉呼跃，从者皆惊”，后称“龙场悟道”。

历经百死千难之后，王阳明所体悟“圣人之道，吾性自足，向之求理于事物者误也”。后于龙冈所办“龙冈书院”，举知行合一之学。正德四年（公元 1509 年）王阳明三年谪居期满，升任江西庐陵知县。正德末年以都察院左佥都御使巡抚南赣，平农民起义。正德十四年，南赣乱平。之后又平定宁王宸濠之乱，以 35 天领兵万余人破敌军十万余人，生擒宁王，创举世奇功，不料被奸臣弹劾险遭诬陷。事后居越讲学，此段时光是王阳明此生中最为理想的生活。

王阳明晚年之中于嘉靖六年五月奉命为兼都察院左都御史，征讨广西思田之乱，平定思田之乱后卒于归越途中。弟子周积哭问遗言，王阳明言“此心光明，亦复何言！”须臾，瞑目而逝。王阳明一生虽为明王朝建立奇功大业，但却屡遭他人诬陷谗谤。在“百死千难”的政治危机中，他坚信自己良知所在，天良未曾泯灭，凡是以内心良知自问。无论居家休养还是戎马倥偬，都不忘广收弟子，教良知之学。他的学说虽受压制，却在当时影响巨大，并笼罩了整个明中后期思想的发展。

王阳明以其“心”学为理论依据，提出在教育和体育中要适合教育者的生理、心理特点，因材施教。尤其是对待少年儿童，更要注意这一点。他说：“大抵童子之情，乐嬉游而掸拘检，如草木之萌芽，舒畅之则条达，摧扰之则衰微。今教童子必使其趋向鼓励，中心喜悦，则其进自不能已。”这表明王阳明非常注重对儿童的教育方法，使其身心健康全面发展。针对当时忽视生理、心理特点的教育，王阳明提出了批评，他强调对待学生的教育要德、智、体、美全面发展，尤其要以德育教育为主。他说：“凡诱之歌诗者，非当发其意志而已，亦所以泄其跳号呼啸于歌咏，宣其幽抑结滞于音节也。导之习礼者，非但肃其威仪而已，亦所以周旋揖让而动荡其血脉，拜起屈伸而固束其筋骸也。讽之以书者，非但开其知觉而已，以所以沈潜反复而存其心，抑仰讽咏以宣其志也。凡此皆所以顺导其志意，调理其性情，潜消其鄙吝，默化其粗顽，日使之渐于礼而不知难，入于中和而不知其故，是盖先王立教之本意也。”这里“泄其跳号呼啸”，“宣其幽抑结滞”，“动荡其血脉”，“屈伸而固束其筋骸”，就是通过活动肢体对学生进行体育运动，这对于学生的身心健康是显而易见、十分有益的。

（1）主流思想的弊端丛生。

有明一代，乃至往前的几百年里，统治阶级一向奉朱熹的理学为主流。上行下效，在心学之前的几百年中，理学一直是放之四海而皆准的官学，不可动摇。更有明初统治者以理学开国为标榜，科场选材皆以朱学为准。然而，在历经百年之后，集理学之大成的朱熹所创制的理论，已经不再如当初的辉煌和完善，反而日益趋于僵化、保守和封闭。文征明曾指朱学之弊，“偷簿自画，假美言以护所不足；甘于面墙，而不自知其堕于庸劣焉尔。”理学思想走向衰落。

（2）市民等非官方思想的冲击。

有明一代，南方富庶地区资本主义早期萌芽的产生，对原本自给自足的封建自然经济产生了巨大的冲击。封建自然经济的动摇带动了以往传统观念的淡漠，民风习气也较以往发生了很大的变化。明朝初年，风尚尚且淳朴。然自正德、嘉靖之后，世风日渐奢靡。朱子理学中那种绝对的天理，以及由此产生的诸多理论不仅对于现实少有指导意义，反而成为了现实中读书人日益虚伪、奢靡的来源。

（3）王阳明的先祖王纲和父亲王华，以忠贞称著；祖父王伦，以孝悌闻名；还有则如王杰，以洒脱、隐逸避世而自得。因此，在王阳明思想中，既有追求功名的大志向，又有创新说法的现实冲动，更兼有隐逸避世的潇洒自得。王守仁的性格的多重性，这是他的心学思想形成过程中不可缺少的一部分。

（4）1506年，王阳明得罪宦官刘瑾被贬去贵州偏僻山区的“龙场驿站”，历经了几年艰难困苦的流放生涯。王阳明先生早期师承朱熹，曾按朱熹“格物致知”的教诲坐在竹林前七天七夜，以图穷竹子之理，可是最终什么也没发现，自己却病了一场。从此，他对朱熹的理学产生了怀疑。在龙场缺衣少食、举目无亲的贫困生活中，他的思想曾一度陷于绝望。但在苦思冥想之后的一天，他突然间大彻大悟，对《大学》的中心思想有了新的领会，发现心是万事万物的根本，世界上的一切都是心的产物，由此创造了他的“心学”基础。三年后，王阳明走出龙场，之后在仕途游历，担任地方官时造福百姓，执掌帅印之后平定诸多叛乱。王阳明用自己一生的立德、立功、立言，为后人留下了一笔宝贵的文化遗产。

3.2 内忧外患的政治局势

王阳明所处明代中期，历经明代四朝皇帝。其中，除了孝宗之时政治较为清明之外，武宗与世宗不问朝政，当时宦官、奸臣当权，朝政黑暗腐败，边关常有外族入侵。到世宗之时历经上千年的中华封建王朝，开始面临从海上入侵的异国倭寇扰乱沿海多地的时况，内忧外患的政治局势让有识之士心感忧虑。王阳明出生于明宪宗之时，因为父亲在朝为官，而且从小就受到父亲的启蒙教育，所以对朝政从小早有耳闻。少时的王阳明喜欢习武骑射，性豪迈不羁，喜任侠。后得知边关常有外族扰民后，在他15岁那年曾出游居庸三关，调查塞外少数民族，思考备御之策，还清父亲上奏朝廷。后来随父亲入京，得知当时武举只重将士武艺，而忽视将士谋略、统兵之才，于是在京师学习兵法“凡兵家秘书，莫不精究。”再加上王阳明为官之后多次平定叛乱，这是他军事思想的形成与实践的主要原因。除此之外，动荡的朝廷，接二连三的叛乱，使从小立圣人之志的王阳明难逃曲折人生的经历，成就了直指当时世道人心的良知之学。

王阳明心学产生于明朝统治由昌盛转为衰颓的时代，其体系的形成其中就包含体育思想，是明代中叶各种社会矛盾的产物。当时，明朝的统治阶级腐败不堪，皇帝荒废政事，沉溺享乐；刘瑾等宦官专横擅权，势焰熏天；王公贵戚带头侵夺民产，致使河北、山东、湖广、江西、福建等地农民起义频繁不断；藩王朱宸濠又起兵争夺王位，社会矛盾十分尖锐。可以说，整个明王朝处于政局混乱，内外交困，岌岌可危境地。

3.3 日渐衰落的学术现状

明朝初期太祖废除宰相之职，为了培养治理国家人才，学校自洪武八年颁行贡举事宜，由学校向政府推荐人才，翰林院作为国家的人才库，备受重视。但后来由于科举选才日益增多，学校贡举人才减少，到英宗天顺以后“非进士不入翰林，非翰林不入内阁。翰林人才亦为科目所限，而教及庶吉士渐渐变成有名无实”。而“至于科举方面，经义渐渐变成为八股”。顾炎武对于八股评论中说：“八股之害等于焚书，而败坏人才，有甚于成阳之坑。”“学问空疏，遂为明代世人与官僚之通病。掌控独裁权的皇帝，往往深居源默，对朝廷事不闻不问，举朝形成群龙无首之象，而明代风习又状励廷臣风发言事，于是以空疏之人长叫嚣之气，而至于以义论误国。”朱子之学作为明代科举考试必考科目，当一种学术思想与当时的利禄相结合，成为统治思想，这对于它的流传与兴盛来说是一种幸运。士人为了做官谋利，哪怕心中不信奉儒学，但口中必当信奉；行不为仁义，而言却满是仁义；心不尚道德，口却要说道德。使程朱理学日渐虚伪。王阳明对这种“外假仁义之名，而内以行其自私之实。”“外假天理之近似以济其私”，深恶痛绝。为救当时学术之流弊，王阳明在经历初入官场，奸臣所害，被贬龙场之后悟“知行合一”说，提倡致良知之教。知行合一是提倡“践行”之学，主张言行一致；良知之学是王阳明“万物一体”思想的根源。当时的学术流弊是促使王阳明冒着有违“正学”的性命危险所创，也是他哲学思想形成的一大原因。

面对如此混乱的社会局势，在当时作为官方哲学的程朱理学，越传越失真，变得务外遗内，博而寡要，渐趋支离破碎、繁琐迂腐。整个社会几乎是道德失律，虚假成风，程朱理学也失去其真正的魅力，而其以误传误的空架子反而成为束缚广大人民的精神枷锁，失去了存在与发展的生机活力，也无法完成维系人心的教化功用。王阳明先生感到“世道‘颓风靡日’已久，何异于‘病革临绝’之时”。他认为，要维护社会的稳定，以拯救明王朝的危机，必须拾起儒家的真命脉，积极倡导“五伦”“八德”来培养人们良好的道德品质和道德行为，以期恢复人本有的良知，做一个有高尚趣味、高尚思想、高尚人格的人，进而培育出君子、圣贤，使人达到“止于至善”的境地，从而改变社会道德风尚，实现社会的长治久安与人民的千秋福祉。于是，心学就在这样的历史背景应运而生，它的产生无疑对当时以误传误变得僵化的程朱理学一个冲击，是人类社会思想发展的必然趋势。

3.4 曲折磨砺的个人经历

明代在我国封建王朝中是朝廷之内无天理，社会暗无天日的时期。其中，武宗朝更是君昏于上，臣乱于下。王阳明生前虽经历明代四朝，但他主要还是活动于武宗朝代。也就是说，他一生的生活中经历了明代最无天理的时代。王阳明于弘治十二年举进士（28 岁），先是观政工部，后来授刑部云南清吏司主事，到弘治十七年改兵部武选清吏司主事。从举进士到此 7 年时间，是王阳明从政的第一阶段，相对来讲一路还很顺利。到弘治十八年（1505 年）孝宗病逝，十五岁太子朱厚照即位，为武宗，改元正德。在武宗在位 16 年中，日事游乐不恤国事、声色犬马、无所不为。刚即位便重用宦官刘瑾等“八虎”。刘瑾除了设立特务组织东厂、西厂之外，又增设内行厂，侦缉朝臣、专擅福威、迫害忠臣。正德元年，王阳明抗疏救戴铣，指明刘瑾等人罪行。其结果戴铣被廷杖而死，王阳明也被廷杖，所幸死而复生之后下狱被贬贵州龙场。在赴龙场途中，又一路被刘瑾追杀，可谓九死一生。正德十四年六月宁王宸濠于南昌反，率十万大军一路北上，眼看明故都南京不保。王阳明以他惊人的勇气与军事智谋，临时召集兵众万余人，仅用35天时间生擒宸濠。王阳明在上武宗疏里进言武宗“痛自克责，易辙改弦”“罢出奸谀”“绝迹巡游”。结果反被张忠、许泰等人诽谤为宁王同党，可谓生死系于一线。无奈上奏将所有功劳归于皇帝与张、许等人，才得以脱险。王阳明一路坎坷，几经生死。王阳明被贬龙场之时正所思此问，自问圣人处于此处将何为？圣人处于无天理可言之时，不必汲汲去讨天理，人生在世，所作所为，只求问心无愧，对得起自己良心即可。要对得起社会、国家、人民，首先要对得起自己的良心。故曰：“圣人之道，吾性自足，向求理于事物者误也。”圣人处世最为重要的不在于求的外在天理或公道，而在于安自己的良心，不论何时良知不可泯灭。所谓龙场悟道，悟的就是这一道理。而经历张、许之变后，居南昌揭致良知之教，根本上说就是教的这一道理。王阳明在龙场悟道之前，还常对自己坎坷的生活感到愤愤不平，但在龙场悟道之后，王阳明就罕有此不平之心。他总是随遇而安、心平如镜。后经张、许之变，他这一思想就更加明朗起来。王阳明良知之学乃始于龙场悟道，则成于张、许之变，是他在坎坷生活中的体悟，身处无道之世的精神寄托。因此说，王学是从生活实践中得来的哲学。牟钟鉴先生在《王阳明心学研究序》中所说：“阳明哲学不是书斋哲学，不单纯是逻辑推衍的产物，也是他个人对社会人生痛苦体验后有深切解悟的产物。王学是生活和实践的哲学，这对于准确把握王学的内在精神十分重要。”

3.5 常年伤病的身体状态

王阳明由于常年伤病缠身，不得不注重自己身体的养护。并在长期的锻炼之中，形成了自己的养生之道。王阳明的伤病并非从小而起，其原因主要还是他自身体悟与经历所致。在王阳明年幼之时，喜欢习武、骑射，“初溺于任侠之习，再溺于骑射之习”。在他15岁那年还出游居庸三关，驱逐胡儿骑射，可见王阳明身体十分强壮。直到他随父亲在京生活时，为体悟朱熹格物致知之理，一日思先儒谓“众物必有表里精粗，一草一木，皆涵至理。”见官署中多竹，则与朋友钱氏取竹格之。“钱氏早晚默坐，竭其心思，到第三天，便劳神成疾。王阳明开始还以为他这位朋友精力不足，但自己坚持七日之后，也终于因耗神过度而病倒了。”这一次格竹使王阳明留下了病根，也因此使王阳明转入修行佛道之学。在之前，王阳明去南昌完婚，在婚礼举行当天，王阳明信步走入一名为铁柱宫的道观，向道士请教养生之论，而忘归。后来到弘治十五年（1502 年），王阳明因日间处理案牍，晚上挑灯夜读，日夜劳累、思虑积劳，终于使他旧病未除而又染呕血之疾，于是便告假养病。在告假归越之后，王阳明便居于会稽山阳明洞行导引之术。弘治十七年（1504 年）王阳明回京。而在正德元年王阳明又因得罪刘瑾被刘瑾矫诏廷杖四十，随即下狱。这一次的廷杖与狱中生活使阳明多病之躯更为虚弱。被贬龙场之后条件十分艰苦，但王阳明坚持以导引养生，直到后来一直保持锻炼。在常年的治伤养病之中，促使了王阳明养生思想的形成。

4 王阳明体育经历概略

4.1 习武任侠，精于骑射

王阳明小时候十分顽皮、好动，除了对军事战阵有着天生的爱好之外还喜欢武术、骑射，仰慕大侠之风。在湛若水《阳明先生墓志铭》中这样记载阳明“初溺与任侠之习，再溺于骑射之习”。王龙溪《滁阳会语》中记载阳明少时“英毅凌迈，超侠不羁。”除此之外黄绾《阳明先生行状》中说阳明“性豪迈不羁，喜任侠”等这样一些记录，无不说明阳明少时对习武的喜爱与对侠士英雄的追捧。也正因为如此，在王阳明15岁那年曾一个人出游居庸三关，而且一走就是一个月。王阳明有居庸三关并不是简单的因为贪玩，他去的目的是为了了解边关塞外的风土人情，了解风俗与百姓生活实况。这期间，他还与塞外少数民族的青年一起比试骑马和射箭，他的骑射之术与豪迈之风，使当地的少数民族也未尝欺犯于他，经历上月而返。这次王阳明的边关考察不仅了解了当地的一些实际情况，自己的骑射之术大有长进，还显现了他从小有经略四方之志。这段经历在《王阳明年谱》中是这样记载“先生出游居庸三关，即慨然有经略四方之志：询诸夷种落，悉闻备御策；逐胡儿骑射，胡人不敢犯。经月始返。”也正因为王阳明从小对骑射很喜爱，练就了一身真本领。所以在他48岁那年因为平定宸濠之乱，张忠、许泰等人很是嫉妒王阳明功劳，驻兵于江西境内，鱼肉百姓，王阳明多次请劝，任不肯撤并离去，一日挑衅性的提出要与王阳明比射箭，言明若王阳明赢则愿带兵离去。王阳明从于教场，连发三箭，三发之中，当场士兵欢呼鼓舞，无不钦佩，张、许二人见此，便弃弓班师还京。《王阳明年谱》中这样记载“先生与忠等语，不稍徇，渐已知畏。忠，泰自居所长，与先生较射于教场中，意先生必大屈。先生勉应之，三发三中，每一中，北军在谤哄然，举手啧啧。忠、泰大惧曰：‘我军皆附王都耶。’遂班师。”王阳明在教育学生射箭时还要求“学射则必张弓挟矢，引满中的”等。

王阳明继承了儒家的体育教育思想，强调射箭可以观德。他说“君子之于射，以存其心也。是故心端则体正，心敬则容肃，心平则气舒，心专则视审，心通故时而理，心纯故让而格，心宏故胜而不张，负而不驰也。七者备，君子之德成。”这里可以看出，他仔细分析了人在射箭时的心理状态，寓德育教化于体育中，这是很有借鉴意义的。

我们也方可理解为什么古之所谓的“六艺”，其实质乃为一种含括身心的德育和体育完全合一的伦理学。换言之，古人之发明“六艺”，并非旨在训练人的明辨的心智和头脑，而是坚持体育即德育，通过一种所谓“身实学之，身实习之”的方式，以培养人的健全完美的身体为目的。如：“君子之于射，以存其心也。是故心端则体正，心敬则容肃，心平则气舒，心专则视审，心通故时而理，心纯故让而格，心宏故胜而不张，负而不驰也。七者备，君子之德成。”

4.2 居敬持志，养生悟道

王阳明养生养德思想主要形成于其中年之后，从良知之学所悟。这里我们主要介绍王阳明早期之时养生的相关经历。

在弟子湛甘泉为他作的墓志铭中提及阳明有“五溺”，“初溺于任侠之习，再溺于骑射之习，三溺于辞章之习，四溺于神仙之习，五溺于佛氏之习，正德丙寅始归于圣贤之学。”对于神道养生之术，在王阳明五溺中排在第四，王阳明最开始对养生感兴趣应该是他17岁在江西娶妻之时。王阳明当时奉父命到江西洪都接取夫人诸氏。结婚当天家人忙于布置，阳明一人也闲来无事一人散步于城南，见城边有一道观，名铁柱宫，王阳明心奇而入，与一老道士对坐谈养生，忘记成亲之事。《年谱》中这样记载“合卺之日，偶闲行入铁柱宫，遇道士趺坐一榻，即而叩之，因闻养生之说，遂相与对坐忘归。诸公遣人追之，次早始还。”因为与道士谈养生，王阳明连当日结婚之事都忘记了，可见当时王阳明初次接近养生兴致之高。

随父入京以后，“一日思先儒谓‘众物必有表里精粗，一草一木，皆涵至理’。官署中多竹，即取竹格之；沉思其理不得，遂遇疾。”因王阳明格竹子之理而未果，又使之成疾，于是由学圣贤转向仙佛之学。《年谱》记载：“是年先生32（27岁）谈养生，先生自念辞章艺能不足以通至道，求师友于天下又不数遇，心持惶惑。一日读晦翁上宋光宗疏，有曰：‘居敬持志，为读书之本，循序致精，为读书之法。’乃悔前日探讨虽博，而未尝循序以致精，宜无所得；又循其序，思得渐渍洽浃，然物理吾心终若判而为二也。沉郁既久，久疾复作，益委圣贤有分。偶闻道士谈养生，遂有遗世入山之意。”

在此后很长一段时间里，王阳明都沉溺于道教养生之中。弘治十四年，王阳明奉命到江北审查案件，第二年春天完成公务之后游青阳九华山。九华山向来是仙佛之家栖滞之地，王阳明见此意境，诱发了他仙家出世之思。在他游《九华山赋》中写道“吾其鞭风霆而骑日月，被九霞之翠袍。博鹏翼于北溟，钓三山之巨鳌。道昆仑而息架，听王母之云璈。呼浮丘于子晋，拘句曲之三茅。长遨游于碧落，共太虚而逍遥。”除此之外还作了《化城寺》《题四老围棋图》等，以此表示他对仙家之向往。到弘治十五年，王阳明31岁。“是年先生悟仙释二氏之非”。王阳明感悟到仙佛之说遗弃人伦。次年八月，因病而告病回家，于是在会稽山王阳明洞行导引养生，“逐告病归越，筑室王阳明洞中，行导引术，久之，遂先知。”一日忽念起祖母岑氏和父亲龙山公来，终于省悟：“此念生于孩提。此念可去，是断灭种姓矣。”于是，放弃在王阳明洞的修炼，搬到钱塘西湖养病。

王阳明的转变是从仙佛之说中走出来的。但对于养生还是一直坚持，只到后来悟得良知之学后则认为养生与养德为同一件事。“闻以多病之故，将从事于养生。区区往年盖尝毙力于此矣。后乃知养德、养身只是一事。”王阳明的体育经历除了这些以外还有其他经历，王阳明很懂得从心理的角度促进身体的健康。在被谪龙场之时，他的两个仆人生病，王阳明“自析薪取水作糜饲之；又恐其怀抑郁，则与诗歌；又不悦，复调越曲，杂以诙笑，始能忘其为疾病夷狄患难也。”王阳明指出；如果有一个好的心态保持心情的舒畅，对养病大有好处。除此之外，在平时的生活中保持好的心情也有利于自身的健康，这也是王阳明养生方式之一。这与他哲学思想之中“乐”的心之本体思想是相通的。在《王阳明年谱》中还有这样的记载：“中秋月白如昼，先生命侍者设席于碧霞池上，门人在侍者百余人。酒半酣，歌声渐动。久之，或投壶聚算，或击鼓，或泛舟。”从这一现象可见王阳明当时的体育娱乐活动还是很丰富的，或投壶、或击鼓、或泛舟，这样一些体育娱乐活动也是对当时社会生活的一种描述，对研究当时的体育活动现状有一定意义。

王阳明先生年轻时即对“空谈致知”和“泥于文字”的儒学作派十分不满。于是，他同朋友一起讨论如何通过实际的“格物”以抵达天理。

他们决定先从自家的竹子开始“格”起。他们面对竹林，思索竹子的来龙去脉、生长机理、用途归宿，试图探寻竹子所隐含的天理。结果，他的朋友不到三天就病倒了，王阳明先生自己坚持到第七天也病倒了，而且差不多“格”出“神经”来。

这次“格竹”失败，让他非常失落：如果连竹子都“格”不明白，如何能抵达天理？

此后，他曾沉溺于佛教和道教，30 岁时“筑室阳明洞，行道引术”。不久，他又与佛道分道扬镳，34 岁开始在京城“讲明圣学，门人始进”。但是，他对朱熹“格物而致知”的疑惑始终没有消失。

1508 年，王阳明先生 36 周岁时。史上最荒唐的皇帝和最富有的太监，将此来自鱼米之乡的书生发配到穷乡僻壤贵州龙场，当一个驿站的小头目。

黄天不负有心人。职位卑微却成就了伟大的思想，与世隔绝却打开了宇宙智慧的大门。

“龙场悟道”之后，他教弟子“静坐”，也就是禅修，帮助他们体会自身本来具足的天理良知。再后来，艰难的军旅生涯和艰险的政治环境促使其“致良知”思想日臻完善。

王阳明对“静坐”养生下过很大的功夫，在修证认识到了“静坐”重要。《王阳明年谱》中说：“究极仙经秘旨，静坐为长生久视之道，久能预知”。王阳明还对“静坐”有自己的创见，称“静坐”为“默坐澄心”。“静坐要省察克治，静坐能使心清静收敛，从而向人欲发动攻势，克服自我私欲产生，通过静坐能顿悟明心见性，得道成真”。王阳明强调“静坐”中身心道德的修养，否定朱熹“求理于物”，而认为“吾性自足，求理于吾心”。王阳明在“静坐”中创建“知行合一”的心学。老子著《道德经》中讲：“人居第一”。明朝大预测家邵康节说：“人生所贵有精神”。王阳明的“静坐”养生实践说明了“静坐”养生能强身祛病，开慧悟道，并下了一个结论：“静坐是长生久视之道！”

5 王阳明心学体育思想的表现和反映

5.1 在哲学思想中的表现和反映

在我国古代体育思想之中养生占有很主要的地位。在养生思想中，除了道家思想以外，在众多哲学思想中多有体现。其中，宋明理学家的体育思想之中，从自身宇宙观中探寻出人的奥秘，寻找有利于人这一生命体最有利的生存法则，是一种关于人自身的基本研究与对人学的探索。然而，在众多理学家中他们的共同法则是从人与物的和谐相处中促进人类自身发展，最终达到对心灵与身体的共同养护。王阳明万物一体思想揭示出人与万物之间的关系与存在的共同本质，以致良知和知行合一为人与人、人与物共处的生存法则，以养德来促进养生的最终目的。

虽然王阳明思想有其正负面的效果，但因其学说传播及流传之广，故对我国以至全世界都造成若干深远的影响，为此也受到了现代人的更多推崇。

王阳明一生历验过儒、佛、道各家，最后重还儒家。他身处的 15~16 世纪为我国文化复兴的时期。而他本人竭思力践，慨然以力追孔孟的旧观为己任。他发挥其内圣外王的工夫，提倡“知行合一”“致良知”等哲学思想，对我国近代百多年的学术文化，甚至日本、欧美都具有深远的影响。

王阳明学说刚产生时，只遍于江南数镇而已。然而在王阳明去世后，跟随其思想学说学习的人（较有名的如钱绪山和王龙溪）遍及南北，渐形成明代的学术主流。时信奉王学的人，四处登坛讲学。黄宗羲在明儒学中，以地方区划（浙中、江右、南中、楚中、北方、粤闽、泰州）来划分王明阳明学者的类别。从此可看出其王学普及之广。

5.1.1 对欧美的影响

王阳明的王学对欧美的影响主要是在学术研究方面。不过，欧美学界对王阳明哲学的注意则较晚。第一篇有关王阳明哲学的论著，是曾在中国当传教士的亨克在 1913 年所写的《王阳明的生平与哲学》（A Study in the Life and Philosophy of Wang Yang-ming）。此为王阳明著作最早的英译本。

二战以后，欧美对我国的思想渐加重视，其中也包括王阳明的学说。近年来，研究王阳明著作、文献的新译著渐渐增加。而对于明代思想的集体研究也逐渐普及增多。如1965年，美国哥伦比亚大学狄百瑞教授在哥大设明代思想研究组，礼聘中日学者参与研究，对欧美学者研究明代包括王学起开启的作用。

5.1.2 对日本的影响

王阳明学说的形成正值日本战国时代。百多年后，德川家康将军建立德川幕府，日本政局渐定，文化亦日渐旺盛。当时，不少学问僧如桂悟了庵等远使中国，在归国时士大夫往往赠以诗文作酬别。正如戴瑞坤所言："此虽然不能径说受阳明思想影响，然而阳明学说能够奠基于日本"，此"不能说没有媒介的功劳"。

大约江户（德川幕府时期）初期，《王阳明全集》传至日本，此后渐为学者研究所热衷。可以说，这对德川幕府200多年的学术文化，产生了极大的影响。而后来的明治维新，可以说王阳明思想为其"维新思想的原动力之一"。而二战后的日本也风靡阳明哲学，故此学说对日本的影响也是至为深远的。

总而言之，王学是因应其时（明中叶）中国学术之形势而起，亦因其学说能打破当时学术思想的困局（侧重程朱之学），为当时中国学界带来了新的启发及推动力。就王阳明的哲学思想而言，是一种主观的唯心思想，其主张有其正面及负面的效果。

因此，不论反对者对其学说如何评价，但从王学影响至今，则足见此学有其肯定及可取之处。

5.2 在教育思想中的表现和反映

教育是王阳明人生之中最为喜好之事。在他身居龙场困境之中，以及后来多次平定叛乱之时，都未尝放弃讲习之事。弟子邹守益在《王阳明先生文录序》中有这样一段记载，足以见讲习在阳明心中之地位。"当时有称先师者曰，古之名世，或以文章，或以政事，或以气节，或以勋烈，而公克兼之。独除讲学一节，即全人矣。先师笑曰：某愿从事讲习一节，尽除四节，亦无愧全人。"在王阳明看来文章、政事、气节、勋烈这些都可以不顾，但唯有讲学一事时刻不忘于心中。能将这做好，也可谓无憾。王阳明为何对于讲习如此热衷，究其原因，钱德洪在《传习录》中说：先生"平生冒天下之非抵推诌，万死一生，遑遑然不忘讲学，惟恐吾人不闻斯道，流于功利机智，以日坠于夷狄禽兽，而不觉其一体同物之心"。王阳明讲学在于明志，自己身体力行将圣人之学传授他人，铸就更多人成圣的机会，从讲习的过程中感受授业的快乐。

王阳明不仅热衷于讲习，而且教育时十分注重方法，大概而言可归纳为：有教无类、因材施教、启发诱导、循序渐进、教学相长等几种方式。王阳明的体育教育思想则主要表现在对少儿教育的教学方法与教学内容中，体现为注重学生的身心发展、循序渐进、因材施教几个方面。针对当时的童蒙教育，王阳明有这样的记载“若近世之训蒙稚者，日惟督以句读课访，责其检束而不知导之以礼，求其聪明而不知养之以善，鞭挞绳缚，若待拘囚。”意思是说，近代那些教育儿童的人，每天只是督促学生句读和课业练习，要求他们约束自己，而不知道以礼仪诱导他们，只希望他们聪明灵巧，却又不知道以善来培养他们，把犯错的学生当囚犯看待，只知道鞭打绳捆。而使得学生“视师长如寇仇而不欲见，窥避掩覆以遂其嬉游，设诈饰诡以肆其顽鄙，偷薄庸劣，日趋下流。是盖驱之于恶而求其为善也，何可得乎?”如此一来，学生则把学校当成监狱而不肯上学，把老师当成仇人而不愿看到。于是，他们借机逃学、嬉戏耍闹、撒谎捣蛋、肆意顽皮，逐渐走向轻薄与下流之例。所以，王阳明对待童蒙的教学时很注重儿童的身心发展，遵从儿童的身心特点。“大抵童子，乐嬉游而惮拘检，如草木之始萌芽，舒畅之则条达，摧挠之则衰痿。今教童子必使其趋向鼓舞，心中喜悦，则其进自不能已。譬之时雨春风，沾被卉木，莫不萌动发越，自然日长月化。若冰霜剥落，则生意萧索，日就枯槁矣。”儿童犹如草木刚萌芽，如果顺着他们的身心发展特征去教导，那就会枝繁叶茂。如果对他们摧残压抑，那就会日益衰弱枯竭。对待儿童要多鼓励他们使他们身心愉悦，自然会不停地进步，就如同春天的和风细雨、润物无声，树木自然抽枝发芽茁壮成长。王阳明的这些体会，估计是在与他爷爷的细心爱护之下快乐成长分不开。所以，王阳明自身各方面的兴趣也得到了很好的发展。

王阳明对童蒙的课程分为：“一考德，二背诵，三习礼或习字，三讲读，五诗歌。”他强调对待学生要德、智、体、美全面发展。“凡诱之歌诗者，非但发其志意而已，亦所以泄其跳号呼啸于泳歌，宣其幽抑结滞于音节也。导之习礼者，非但肃其威仪而已，亦所以周旋揖让而动荡其血脉，拜起屈伸而固束其筋骸也。讽之读书者，非但开其知觉而已，亦所以沉潜反复而存其心，抑扬讽诵其宣其志也。凡此皆所以顺导其志意，调理其性情，潜消其鄙吝，默化其麤顽。日使之渐于礼义而不苦其难，入于中和而不知其故，是盖先王立教之微意也。”这里的“泄其跳号呼啸”“宣其幽抑结滞”“动荡其血脉”“拜起屈伸而固束其筋骸”，就是通过活动肢体对学生进行体育运动，这对于学生的身心健康是十分有益的。除此之外，王阳明继承了儒家的体育教育思想，将体育与德育相联系，强调射箭可以观德。他说：“君子之于也，内志正，外体直，持弓矢审固，而后可以言中，故古者射以观德也，德者也，得之于其心也。是故爆于其心者其动妄，荡于其心者其视浮，慊于其心者气馁，忽于其心者其貌惰，傲于其心者其色矜，五者心之不存也，不存也者，不学也。”对这一问题他从反面做了论述后，又从正面做了说明，王阳明说“君子之于射，以存其心也。是故心端则体正，心敬则容肃，心平则气舒，心专则视审，心通故时而理，心纯故让而恪，心宏故胜而不张，负而不驰也。七其备，君子德成。”从正反几个方面论述后，得出结论说：“射也者，射出心之鹄也，鹄也者心也，各射已之心也，故曰：射以观德也。”王阳明分析了射箭时人的心理状态，寓德育于体育之中，这对研究运动心理学的发展历史来说是有一定积极意义的。

王阳明教育思想的哲学基础。作为教育家的王阳明，其授徒讲学的历史始于1505年。当时，他讲学的内容多为与时流行的辞章记诵相对立的“身心之学”，强调“先立必为圣人之志”。之后，每仕（致）一方，都有建学校、创书院，立社学之举。在被贬为贵州龙场驿丞间，创立龙冈书院，主讲贵阳文明书院；在巡抚江西时，立学舍，修镰溪书院，集门人于北鹿洞讲学，并讲学于龙泉山等；督两广时，兴办了思田学校、南宁学校和敷文书院；嘉靖后，专事教育讲学，而于稽山书院，学生群集，“官刹卑隘，至不能容”，之于鼎盛。长期的教育实践和丰富的经验积累，形成其包括教育目的、内容、原则、方法等一整套教育思想体系，为我国古代教育事业、教育思想的发展作出了杰出贡献，影响广大而又深远。郭沫若曾评价说：“王阳明对于教育方面也有他独到的主张，而他的主张与近代进步的教育学说多一致。”从哲学的角度看，王阳明教育思想是在其“心学”基础上构建而成的，即“心学”哲学思想是指导他的教育活动的一般理论，而他的教育思想又是其哲学思想的具体运用和发挥。“心即理”即为其教育本体论。阳明与程朱的基本哲学命题都是“理”，即所谓“天理”，在广泛的意义上都属于“理学”的范畴。

5.3 在军事思想中的表现和反映

王阳明一生不仅学术上成就显巨，而且在军事上先是提督南汀赣漳等处军务，受命镇压横水、左溪、浰头等处起义农民；继而又擒获叛藩宁王，平定朱明宗室之乱；晚年受命征讨广西思田，招抚王受、卢苏、袭破八寨和断藤峡，一生为朝廷立下了赫赫战功。

王阳明从小就喜欢军事，对于军事战阵有着天生的兴趣。据冯梦龙《王阳明先生出身靖乱录》记载：“王阳明12岁在京师就塾师，不肯专心诵读，每潜出与群儿戏，制大小旗居中调度，左旋右旋，略如战阵之势。”还有“每逢宾宴，尝聚果核列阵势为戏”。除此之外，王阳明小时还痴迷于象棋，其父王华曾多次责备，怕他耽误功课。一日，王华一气之下怒将棋子连盘全扔入河中，王阳明当时感叹：“象棋在手乐悠悠，苦被严父一旦丢。兵卒坠河皆不救，将军溺水一齐休。马行千里随波去，象入三川逐浪游。炮响一声天地震，忽然惊起卧龙愁。”到26岁时，据《王阳明年谱》记载，在京师学兵法“当时边关甚急，朝廷推举将才，莫不遑遽。先生念武举之设，仅得骑射搏击之士，而不能收韬略统驭之才，于是留心武事，凡兵家秘书，莫不精究。”28岁时“先生未第时尝梦威宁伯遗以弓剑。是秋钦差督造威宁伯王越坟，驭役夫以什伍法，休食以时，暇即驱演‘八阵图’。”王阳明小时候的这些爱好与青年之时的熟读兵书，对他后来在实际战场之上必然有一定的联系与帮助。

王阳明军事体育思想在他对士兵的选拔与训练内容中体现得尤为明显。首先，王阳明注重民兵。在他巡抚南赣汀漳、擒获宸濠与平八寨、断藤峡的用兵中，阳明都在当地征集启用了民兵。然而，王阳明启用民兵是因为当时官兵腐败无能。在他正德十二年五月的奏折中指出：“南赣之兵素不练养，类皆脆弱骄惰，每遇征发，追呼拒摄，旬日而始集；约束赍遣，又旬日而始至，则贼已稇载归巢矣。或犹遇其未退，望贼尘而先奔，不及交锋而已败。以是御寇，犹驱群羊而攻猛虎也！”因为士兵久歇不练、军官腐败、游手好闲，使得遇战事总是无力抗击，与敌交战总是狼狈而逃。官兵知道一有战事自己必败，所以在之前有多次去外省请狼兵救助。王阳明到达以后深知请狼兵的弊端，一是路途遥远，费时长久；二是开支庞打仗，百姓不堪负担；三是狼兵无纪律，每到之处便要骚扰当地百姓。所以，王阳明上奏朝廷，以后不用狼兵，而选择征集农民。

王阳明用兵“兵不在多，唯贵精炼；事欲可久，尤须严简。所募打手等项，更宜逐一校阅，必皆技艺绝伦，骁勇出众，因能别队，量才分等。使将有余勇，兵有余资，庶平居不至冗食，临难可免于败师。”王阳明用兵不在多，而在于精。这样一来，可以减少军费开支，也便于管理。他挑选士兵不仅要骁勇出众而且要技艺绝伦，选那些武功高强，善于骑射者。“四省各兵备官，于各属弩手、打手、机快等项，挑选骁勇绝群、胆力出众之士。”中间若有力能扛鼎，勇敌千人，犹其廪饩，署为将领。对于身手突出者还可重用。同时，王阳明对于将士的训练则根据士兵各自的特长分科训练，重视军事武艺训练。“所募精兵，专随各兵备官屯扎，别选素有胆略属官员分队通押。教习之方，随材异技；器械之备，因地异宜，日逐操演，听候征调。”根据南方的地理和气候特点提倡教习骑射，弥补武艺不足。“五兵之用，弓矢为先，南方之技，骑射所短，最宜练习，以修长技。”王阳明精炼士卒，分队、量才分等的训练方法是有一定科学道理，对军事武艺与骑射发展起到了积极的影响。

其次，阳明对于将领的培养也不仅要武艺高强、骁勇出众，而且要有韬略统兵之才。他提出：“今之武举仅可以得骑射搏击之士，而不足以收韬略统驭之才。”通过武举选拔的将领最后多是选了武术、骑射突出者，但作为将领仅仅具备这些不够，还需要谋略，能统领兵士。他提议：“今公侯之家虽有教读之设，不过虚应故事，而实无所裨益。诚使公侯之子皆聚之一所，择文武兼济之才，如今之提学之职者一人以教育之，习之以书史骑射，授之以韬略谋猷；又于武学生之内。岁升其超异者于此，使之相与磨砻砥砺，日稽月考，别其才否，比年而校试，三年而选举。”王阳明的这一主张主要是根据当时将领缺乏，而且文武双全者少而提出。这样主张可以为国家选拔和培养一批将领，一旦有武事需要，国家不会怕没有军事人才，王阳明对将领文武兼备的培养无疑是非常明确的。

第三，王阳明采用寓兵于民的方法。王阳明说：“兵以食为主，无食，是无兵也。边关转输，水陆千里，踣顿捐弃，十而致一。故兵法曰：‘国之贫于师者运输，运输则百姓贫；近师贵卖，贵卖则百姓财竭’。”阳明知道不但运输艰辛，更给百姓增添了不少负担，使百姓财竭。“今之军官既不堪战阵，又使无事坐食以益边困，是与敌为谋也。三边之戍，方以战守，不暇耕农。诚使京军分屯其地，给种授器，待其秋成，使之各食其力。”这样一来“无事则吾兵即吾农，有事则吾农即吾兵，以逸待劳，以饱待饥，而不令敌人得窥我虚实，此所以百战百胜。”王阳明用兵以安民为本，他深知两军交战不仅要牺牲士兵的生命，使生灵涂炭，而且百姓也是苦不堪言。“且兵之为患，非独锋镝死伤之酷而已也，所过之地，皆为荆棘；所住之地，遂成涂炭。民之毒苦，伤心惨目，可尽言乎?”因此，“古者不得已后用兵，先王不忍一夫不获其所，况忍群驱无辜之赤子，而填之与沟壑?”所以，王阳明对于用兵总是慎之有慎，多采用安抚方法。“夫弭盗所以安民，而安民这弭盗之本。今则之以弭盗，而使无与于民，犹专以药石攻病，而不复问其饮食调适之宜，病有日增而已矣。

对王阳明的主要军事活动的系统评述。人本就是以人为价值的核心和社会的本位，把人的生存和发展作为最高的价值目标；一切为了人，一切服务于人（冯契《哲学大辞典·下卷礼、智、信》）。儒家的人本观念，是以“仁”为核心的思想体系，儒学先师把“仁”作为立身处世的思想基础。爱人、爱众是“仁”的基本要求，从孔子“仁者爱人”“泛爱众”的号召到孟子“仁者无不爱也”的论述，都体现了“仁”的基本内涵。“仁”是早期人本主义思想的集中概括和体现。王阳明是儒家后继，忠实践行了“仁”的思想，在他的活动中处处闪烁着儒家的人本思想。他的“亲民说”即是儒家人本思想实践中的自然升华。

6 王阳明心学体育思想的特点和意义

6.1 与物同体，生者敬生

王阳明的思想之中关于人与物的关系。王阳明提出了万物一体或与物同体的思想，回答人了与人、人与万物之间的关系，以及人应当以怎样的方式对待万物等问题。万物一体是指人与世间万物之间都有着密切的关联，万物是自己的一部分同为一体。在表现上看，其实是与自己分离开，但内心之中能够感受自己与万物之间的联系，这样的一种联系自己内心的良知可以感触到的，当人看到自己的同类有危险或受到伤害时会有想去救助或悲伤的感受，“见孺子入井，皆生恻隐之心”；当看到动物或植物将要被杀害或折毁时，将会产生不忍之心；当看到物品被毁坏、物质被浪费时，会有怜惜之心。人的恻隐之心、不忍之心、怜惜之心的产生之时就感应到人与万物之间的这种联系，然而这样一种心理产生时就会去搭救，不会随意杀害、折伐，就会爱惜。这样一种仁者之心是生者对生者的敬重，个体对万物的珍爱，人类对自然的崇敬。当个体能够感受到与万物的联系时就会懂得敬重，对自己也会真正爱惜，这样的感受就是仁者之心，个人良知的体现。

在现在社会之中，人类所拥有的物质资源日益丰盛，而同样由于人类的因素所灭绝的物种也在逐渐增多，由于物欲的蒙蔽有违人心之事常有发生。个人财富的增多浪费随处可见，这些行为与事例的发生对于个人与万物来说是一种有违良知的表现，非仁者之为。王阳明万物一体思想已人的内心良知维系个人与万物的关系，判断是非，这对人与万物的共处生长都有意义。王阳明倡导：每每所作所为之时自问是否有违良知，哪怕财富再多“一粥一饭当思来之不易，半丝半缕恒念物力为艰。”一生何求，只为良心所安，自然的和谐是万物长存的一个必要环境。自然由万物构成，人有着改造自然的力量，维系好自然的和谐对于万物与人类来说都是有利的。他的这一观点是正确的。

6.2 良知未变，心安体畅

王阳明认为，只有立志，才有可能做成某件事；一个不懂得立志，没有为自己确立专一目标的人，便无法做到心无旁骛，更不可能做到一心一意地朝着目标努力。

春秋时期，伍子胥的父兄被楚平王所杀，伍子为报父兄之仇，投奔吴国，带兵攻破了楚都城郢。而楚国的大臣申包胥则发誓要救楚国的危难，他向秦国哭来了救兵，终于保全了楚国不被消灭。由此可见，一个人如果决心很大，什么事都有可能办到。

一个人的身体健康与心态有很大关系。而心态的好坏在很大程度上在于是否心安，心若不安稳，那么身体也感到不顺畅，直接影响到身体的健康。而心是否安稳，在于个人的所作所为、所思所想是否对得起自己良知。良知能辨别一个人的真善美，能影响内心的变化。王阳明以自身的经历悟得“致良知”之学，历经生死之后发现唯有内心良知不可变，只要自己不昧良知，一切荣辱得失将无所谓，内心自然能够安稳，身体也会舒畅。所以，王阳明在经历龙场悟道之后，面对人生一切困境、挫折都心态平静。

王阳明的致良知之学就是要倡导不昧内心良知，树立正确的人生观与价值观。每个人内心都有良知所在，致良知就是指最大程度地使自己的良知在行为与思想中体现出来。在现实的生活之中，个人的很多努力或许都难以得到回报或预期的效果；有时热心的帮助不一定能得到别人的感谢，甚至会招来误解；自己默默的付出也许他人全然不知，但不要因此而感到气馁或委屈，责问自己内心所为是否有失良知，良知若在便不必心存不平。然而，也有很多人因名禄当头而不顾良知所在，因个人得失荣辱而不思公道人心，因保自身安稳而无视他人生死，因利益驱使而选择背信弃义。一时的名利与所得或许能够成就一时，但无视内心良知，总会因内心亏欠难以安定。道德的修养有利于良知的发现，而致良知就是道德的体现，更是一种人生境界的诠释，拥有这样的修养与境界内心自然安宁，曲折坎坷面前身心也自然舒畅。王阳明的致良知之学不仅对道德修养有意义，同时将心里的安稳和身体的舒畅、养生与养德相联系，对身体健康十分有利。

6.3 顺生于教，身心同修

人的成长与发展需要遵循生长规律所显现出的阶段性特征，而人的学习接受能力也与人的身、心、智力的发展有直接的关系，即在不同的年龄阶段所表现出知识接受能力的阶段特征。所以，在教育学生的时候一定要根据学生的年龄特征来安排教学内容，学生的学习也遵循自身的成长情况选择学习内容的层次。王阳明的体育教育思想中就提出教育学生一定要根据学生的成长情况，以及所处阶段的心理特征来安排教学内容与任务，特别是他童蒙教育思想中表现的尤为具体。王阳明根据儿童活泼好动的身体发展情况，以及好玩不愿受过多压制的心理特征，给他们安排除了学习诗词以外还教他们歌舞与习礼，让儿童活动全身、舒畅筋骨，在学习中得到锻炼，在锻炼中获得知识，使学生都能够完成并有成就感学习下一次课的内容。

王阳明顺生于教的教学思想不仅遵循学生的学习兴趣，而且注重学生的身心发展情况。父母对子女的期望往往是真实而又迫切的，总是希望他们能够在最短的时间之中学会最多的东西。在现实社会中，就有一部分家长让自己子女从很小时就学习这个、学习那个，恨不得想要子女琴棋书画样样精通，德智体美面面突出，不仅没有遵循儿童的学习兴趣，也违反了儿童成长的客观规律。在王阳明的教育思想中，还强调要注重学生的全面发展。这里的全面发展是指德、智、体、美等几个方面王阳明十分注重学生身体的锻炼，除在童蒙教育思想中有体现之外，在成人教育中也同样重视，比如很注重学生的骑射。在当今学校之中，因为学生的升学问题，而把重心放在了学生文化学习科目上，德育于体育教育等则弃之不顾、走走形式，使得学生体质下降，身体发展与年龄不相符合。而王阳明的教育思想在今天的教育中仍然具有积极意义。

6.4 文武并重，选练精兵

将士的谋略指挥能力直接影响士兵的作战，关系到整个战局的成败。所以说，一个将领除了自身武艺高强、精练之外智谋尤为重要。除此之外，士兵的军事谋略也影响自身的作战能力，培养文武多能的将领和士兵是军队制胜的一大条件。在古代的战争中，交战双方除了弓弩以及投石器之外，大多都是士兵之间的厮杀。在厮杀中，就是比谁的身体素质好、谁的武艺高强以及士兵之间的一种整体作战能力。所以，武艺的操练直接关系到士兵战场的生死，战局的胜负。针对当朝兵弱将少的情况，王阳明提出武举除武艺需要考核之外，统兵谋略同样重要，提出要选拔文武全才者。韩信用兵多多益善。同样，王阳明选兵在精不在多。在王阳明的多次用兵之中都征集了民兵，但强调对民兵的征集不要求多，有骑射、武艺绝技者。这样一来，对于减少了农民的负担，没有因为征兵而影响农民耕种。在士兵的训练上，王阳明也十分严格，而且针对士兵特长实行分科训练。王阳明体育思想在他的《陈边军务疏》中著作中都有记录，直到现在还是兵家必读之物。他的军事体育思想对士兵的选拔与训练方法对现在仍有参考价值。在王阳明的军事思想中，最重要的一点在于“用兵是为安民”。在王阳明所参加的多次平叛中，对待贼寇不是以诛灭为目的，而是尽量运用心理战术招降，最后安抚，不战而屈人之兵。“能攻心则反侧自消，从古知兵非好战。”这一思想对于以“和平与发展”为主题的今天仍有重大意义。

7 王阳明心学体育思想对我国现代大众体育的指导价值

7.1 王阳明心学体育思想为现代大众体育提供了思想基础

对王阳明心学体育思想的研究主要从思想层面与体育实践两个方面作论述，主要内容有：首先是哲学中的体育观，万物一体为王阳明体育思想的主旨与前提，主要关于人与万物的本质、人与万物的关系、以及对人类自身的认识。而王阳明教育思想中的体育观主要从他童蒙教育思想中体现的。即根据学生的年龄特征、生长特征和心理特征是安排教学内容与采取教学方式的前提，通过活动来促进学生知识的增长与锻炼身体，让学生保持轻松愉快的心情学习，这是他体育教育思想的主张。

中国是历史悠久的文明古国，中华传统文化历经五千年的荡涤、发展，最终形成了以儒家和道家为传统文化的典型代表。中国传统体育思想，深深地扎根在中国传统思想文化之中。其发端于我国动荡的春秋末期孔子所创立的儒家文化，将夏、商、周三代优秀的“礼”文化进行归纳总结，从而形成了以“礼”为核心的儒家思想体系。“礼”的文化是儒家文化的本质，它与其“和而不同”的哲学观对在中国构建多元和谐社会仍具有着重要的借鉴意义。“己所不欲，勿施于人”的这句名言在现代已成为许人的处世哲学。同一时期，以老子为代表的在继承和发扬我中华民族古代宗教信仰的基础上，创立了以“道”为最高信仰，与道合真为终极目标，集中华民族的宗教意识、信仰心理和精神生活为一体而形成一个完整的道家思想体系。道家文化以“道”为思想核心，道家主张的对待事物要“知足、知止”的思想，以及遵循事物的规律，防止过犹不及的观点到现今社会也具有深刻的现实意义。我们采用文献资料法、逻辑分析法，通过对儒、道两家基本理念、基本观点以及历史的影响等文献的研读，从中梳理出儒、道两家思想中的体育思想进行研究。我们发现：一是儒、道两家均对人的生命给予终极关怀；二是倡导生命活动中做到身心的均衡发展；三是修德养心提升生命质量；四是以朴素唯物主义观指导生命运动；五是传统养生术式的方法论取向。通过汲取中华传统文化中体育思想之精华，并与现代生命科学相结合，以期指导和促进我国群众体育事业朝着健康、可持续的方向发展。

7.2 王阳明心学体育思想为现代大众体育提供了新的观念

王阳明心学思想给予我们现代启发不仅仅是观念上或肢体上的动作，更是他精神上一种不断实践的经典之作。在现代体育中，如何去调整动作与改进，更好地的发挥它的作用，提高心态磨练水平，以及对人类自身的认知，都是我们应该注意和研究的内容。

随着时代的进步与发展，现代体育教育应面向未来，以“健康第一”为目标，以素质教育为核心，充分发挥教师和学生在教育中的主体作用。在体育教育过程中，以人为本，优化教学过程，开发学生的潜能，注重终身体育学习能力的培养，进而使人格不断完善，学生身心得到全面发展。

7.2.1 现代体育教育的意义

首先，现代体育教育是健康教育，体育教育是以健康为目标的。为什么有的学生酷爱体育课？有的却厌烦体育课？主要是由于学生碍于教师的权威，不得不练习教师所规定的内容，经受无趣的体验，从而忽视了学生心理素质的培养。首先，只有尊重学生的个体差异，采用科学的方法、适宜的运动负荷，才能达到最佳的健身效果；其次，现代体育教育是个性化教育。教学中要充分发挥学生的自主性，使每个学生都能体验到学习和成功的乐趣，以满足自我发展的需要。在突出个性化教育的同时，还要与集体意识的培养有机结合起来，使每个同学都能在运动中增长才智；第三，体育教育也是社会化教育。集体项目的教学和比赛，既要有每个人的努力，又要有大家的相互配合，才能实现胜利的目标。通过这样的比赛，使学生进一步领悟到如何与别人和谐相处、默契协作的真谛。

7.2.2 创造型体育教师要摒弃的教学观念

美国创造教育学家史密斯认为：“所谓创造型教师，就是那些善于吸收最新教育科学成果，将其积极运用于教学中，并且有独到见解，能够发现行之有效的新方法的教师。”要成为一名创造型教师，必然要摒弃一些陈旧的教学观念，现代体育教学也不例外。

（1）“教学就是灌输知识”的观念。

传统体育教师非常注重系统理论知识和技能的传授，训练学生解决前人已经解决的问题，要求学生直接记住动作要领了事，教师讲课的好坏也是以“灌输”的好坏为标准的。这种观念注重的是知识技能和学习结果，忽视的是获取本领的过程和方法，忽视的是学生的个性与兴趣，照本宣科造成的结果往往是学生的学习积极性不高。

（2）“轻视科研照样上好课”的观念。

尽可能讲得头头是道，是很多传统体育教师的做法，但很难说这课是否质量就高。就体育教学与科研的内在联系而言，科研确实能够促进教学，这体现在更新知识和及时站在科研前沿。体育教师授课水平的提高，虽然可以通过进修、攻读学位等方式进行，但是无法与科研相比。在科研过程中，教师对某一学科或项目的前沿问题或整个系统知识都了如指掌，也就更容易提高教学水平了。

(3)“学术水平高就是好老师”的观念。

体育教师的职业与医生相同，都是以人为对象，因此要研究人，要研究施教对象的学习和成长规律。当医学由生物模式转向心理模式时，医生仅仅会看病、开处方是不够的。同样，体育教师仅仅学术水平高是不够的，还应提高教育素养，即提高本身的综合素质。

7.2.3 现代体育教师应急需树立的教学观念

具有创造性教学思想和新的教学观，掌握并善于创造性运用创造性教学的基本规律和教学方法，善于从学生的实际和具体的教学条件出发制定最优化的教学方案，成为创造型的现代体育教师，就必须转变教学观念。

(1)“教育家”是现代体育教师的职业观。

教师必须具备现代教育理念，树立符合时代要求的教育观、人才观、发展观和质量观，具有广博的知识，善于把理论运用到实际中去，要善于运用教育学和心理学的知识反思，研究掌握针对不同学生的教育方法。

(2) 朋友、伙伴关系体现新型师生关系观。

传统教育中教师是先生，上课“一言堂”，老师的尊严不可侵犯，否则学生就要挨鞭子、受罚。而现代社会的本质是民主与和谐，教师与学生在人权上是平等的，教师只有尊重学生，才能得到学生尊重；教师只有尊重学生，才能受到学生的欢迎。要善于发现学生身上的闪光点，不讽刺、挖苦、嘲笑那些体质差、灵活性差的学生，同他们建立既是师生又是伙伴和朋友的良好关系，教学相长，共同进步。

(3) 为学生树立终身体育意识是现代体育教师的责任观。

青少年学生自我控制能力较弱，锻炼不易持久，在激发了学生体育锻炼的兴趣后，应及时培养锻炼的自觉性，使之持之以恒，养成规律性体育锻炼的习惯。体育教师是学生养成体育锻炼习惯的主要影响者，也是学生直接效仿的对象。教师要充分发挥为人师表、言传身教的示范作用，以高尚的人格、广博的知识、标准的示范和良好的行为，产生明示和暗示的综合效应，来培养学生的锻炼习惯，提高他们体育锻炼的自觉性。

总之，现代体育教师应在教学过程中，要顺应时代的步伐，树立全面的现代教育理念，激发学生的积极性，培养学生掌握和运用知识技能的态度和能力，使每个学生都得到健康快乐地成长。

7.3 王阳明心学体育思想与现代大众体育对健康需求的统一

现代生活方式使人们体力劳动减少，脑力劳动的比重增加。如果不通过体育活动进行调节，将会出现不活动性萎缩、新陈代谢功能低下、适应能力降低、肌力衰退、神经衰弱、近视眼等现象“现代文明病”。随着人们现代化水平的不断提高，更凸显体育的社会价值和地位，体育比以往任何时候都超越身体锻炼和竞技本身，在现代社会生活中有了非常重要的地位，这与王阳明心学思想中主张“致良知”、养德、养生并重的体育思想是颇为相近。

现代体育教学要走向多元化，但作为身心统一体的人，学校体育教学在对学生身体改造的同时，更要注重学生广义健康发展与狭义健康的发展。新的历史对学校体育教学又提出新的更高要求。更注重体育精神的内涵，更注重身与心的统一，体现欢喜与愉悦性：身心和谐性，心理规律性。现代健康现代体育身心合一体育一词，其英文本是 physicalkeducation（HAOBC），是指以身体活动为手段的教育，直译为身体的教育，简称为体育。在《现代汉语词典》中体育一词有两种解释：(1) 以发展体力、增强体质为主要任务的教育；(2) 指体育运动。我们认为《现代汉语词典》对体育这一词条的解释并不全面。健康应该是指一个人在身体、精神和社会等方面都处于良好状态。

现代人的健康观是整体健康、全面健康，包括社会的健康，不同于传统意义上的健康。现代健康的含义并不仅是传统意义所指的身体没有疾病，包括身体的残缺，而且是指一个人生理上、心理上和社会上的完好状态，这就是现代关于健康的较为完整的科学概念。

现代健康的含义是多元的，但作为身心统一体的人，身体和心理又是紧密依存的。我们所说的学校体育教学是按一定计划和大纲进行的有目的、有组织的教育过程。现代体育教学不是传统的由教师和学生共同参与的体育技能教学，而是要走向多元的教学，其任务是向学生传授体育知识、技术与技能，有效地发展学生身体，增强其体质、培养其道德意志品质。把心理、品质、情操、道德、意志、美育等都融入教学中，它是学校体育工作的基本形式，是体育目标的实施途径之一。体育改变着人的本身，不仅是形态结构与生理机能的统一，而且是身与心的统一。现代体育教育不仅是以发展体力，强身健体，增强体质为主要任务的教育，学校体育教学在求对学生身体改造的同时，更要注重学生广义健康发展与狭义健康的发展。

现代体育教学是以体育为手段，以健康为目的，不再仅以增强体质为目的。体育是以锻炼身体为基本内容，以发展身体增进身心健康提高运动水平为主要目的的一种社会活动，体育锻炼对健康的发展有着积极影响。因此，体育教学要善于为学生的心理健康发展提供良好环境；要善于利用体育活动自身所蕴含的吸引力，开发体育各种潜能，并通过合理的科学教学，使体育锻炼达到身心和谐的效果。继而完善人格品质，提高素质，促进个人的全面发展。心理健康是身体健康的精神支柱，身体健康又是心理健康的物质基础。一个健康的人所谓的健康是指生理和心理的素质状况。强身健体、身心愉悦，在运动中达到健康状态。体育本质功能就在于促进个体的自我身心的统一。

中国体育历史悠久，但是“体育”这个词出现较晚。1904 年，湖北幼稚园开办章程中针对幼儿进行全面教育时提出：“保全身体之健旺，体育发达基地。”出现“体育”这一学术概念，在学校教育中正式提到“体育”就更晚了。那是在 1923 年，《中小学课程纲要草案》中，正式把“体操课”改为“体育课”，从此“体育”一词成了标记学校中身体教育的专门术语。那时的体育，依然是狭义上的体育，较之现代的竞技体育、娱乐体育、大众体育、医疗体育更是相差甚远。

现代体育是以丰富社会文化生活和促进精神文明为目的的一种有意识、有组织的社会活动。随着社会的发展，人类认识的不断深入与提高，学校体育教学更为丰富，统称为“体育与健康”，这一提法对学校体育教学提出新的更高要求。更注重体育精神的内涵，更注重身与心的统一。首先，在体育教学中要追求愉悦性，愉悦是一种情绪或情感体验，是把枯燥的体育教学变为灵活愉悦的体育教学，愉悦性原则就是要求在教育教学中注重对学生心理的影响，尽可能从心理学、美学和社会学方面使学生得到良好体验，创造一种轻松愉快的学习环境，尽可能利用有趣的教学材料，运用学生新、奇、乐的快乐教学方法、手段和灵活多样的组织形式开展体育活动与训练，让学生在愉快轻松的状态下投入教育教学活动中，并在学习和创造的过程中体验到充分的快感和乐趣。在教育教学中，不能把学生当做被动机械重复体育动作的机器，应该有情感的沟通，使其感知体育的魅力，用心感知体育内涵，激发兴趣，充分开发学生的智能和潜力，倡导愉悦性原则。其次，在实际的教学与训练中，学生的活动不仅是身体上的参与，心理也在积极参与。体育项目的不同，技能的不同，要求的不同，身体的参与、生理的负荷、心理的承受及情绪、意志也发生变化。当实际的教学与训练时，生理机能开始变化。身体生理机能水平开始上升，生理指标发生变化，达到一定水平后，会保持一定时间，也就是体育的竞技效果，然后开始削弱。此时，需要休息，恢复身体机能，再进行体育活动，再修整，反复交替的过程中，学生的生理机能变化有一般的规律。生理、心理负荷会出现波浪式的曲线变化规律。第三，一堂体育课是一场生动活泼、紧张有趣的游戏，体育教学的组织教法必须克服单一化、枯燥化的固定模式，重复做机械的动作。如果教师按教材的单一内容刻板地进行教学，则学生容易出现厌倦、反感，会使学生的身心不能和谐统一。创设灵活多样、生动活泼的教学情境，采用灵活、新颖的教学方法，使体育与健康真正结合起来，达到身心和谐、统一。

7.4 王阳明心学体育思想与现代大众体育养生观的契合

面对工作和生活中的压力，人们既要保持一个好的身体，又要有一个好的心态。人们在不断追寻和提高更好的生活质量的同时，“养生”越来越受到现代人的重视。现代西方体育健身手段和我国传统体育养生是两大主流，人们如何选择适合自己的养生手段成为一大难题。就中国传统体育养生与现代体育健身的问题展开比较研究，可以得出如下结论：第一，中国传统体育养生是中国传统文化的瑰宝，其独特的理论和操作体系是适合于向现代人推荐和推广的一种科学的养生方法，是一笔随着社会现代化程度的提高，对人类的健康生活将越来越表现出巨大价值的宝贵文化财富。第二，现代体育主要是在西方体育项目的基础上形成的，具有西方文化的色彩。所以现代健身理论与中国传统体育养生有着不同的理论和操作体系。第三，中西方养生健身理论可以互补和交融。随着现代科技的发展和进步，人们生活节奏的加快，中国传统养生的“形神兼修”，使现代体育健身也开始从强调生理上增强人的体质而发展到注重人们的心理健康。第四，现代社会随着经济的发展和人们生活水平的提高，闲暇时间增多，将有越来越多的人参与健身。传统体育养生内容中一些伦理、哲学、健身等方面的思想与观点，是与现代社会人们对科学养生的这种需求相契合的，我们可以从中汲取精髓来丰富思想、提升人格、指导行为。

中华传统养生文化作为中华传统文化的一部分，在数千年历史长河中，植根于一定的宇宙观、人生观、生命观及对人体的认识，形成了丰富的思想意识与独特的活动模式。尤其是中国古代的休闲观和养生观，有形无形地影响着中华民族的社会生活、文化生活以及人生哲学。探讨和挖掘中国传统养生文化及其文化发展成果，对于继承和保护中华民族优秀文化遗产，实现“提高人的生活质量和生命质量，促进人的全面发展”的现代休闲理念有着十分重要的意义。

（1）传统体育养生文化及其哲学基础。“养生”一词始于道教典籍，最早出现在《庄子·内篇》上。所谓养，就是保养、培养、护养的意思；所谓生，就是生命、生存、生长的意思。养生，就是根据生命发展的规律，采取一定的方法，以达到提高生命质量的目的。中华养生产生于上古先民为抗御严酷的自然环境，调整体力、防治疾病的需要，其最初形成源于为人治病的巫舞。中华养生观认为，各种养生方法都是通过调身、调息、调心等以修炼人身三元——精、气、神。把“精气神”视为人体生命存亡的关键所在，认为只要精足、气充、神全，自然能够祛病延年。中华传统养生思想是在汲取先秦诸子百家的哲学思想和古代医学思想，特别是先秦道家思想、儒家思想、易学思想和古代巫术、神仙方士等实践活动的基础上，形成的特有的养生方法及其思想体系。其内容涉及非常广泛，从外在的活动身体、就医问药、饮食起居、房中秘术等，到内在的思想修养、意念品质、蓄精养神都体现着养生的含义。中华传统养生思想为传统体育养生的萌生、发展提供了养料。宇宙生成论和天人论，阴阳五行论和八卦九宫说以及中华传统医学思想，是中华传统体育养生的哲学和科学基础。中华传统体育养生广泛地应用了这些理论体系和符号体系，为自身理论的建构、发展和操作架构的完善，提供了较为直接的哲学思想基础和思维模式，形成了中国古代奇特的传统体育养生理论模式和阐释系统。传统体育养生思想反映和体现着传统文化围绕人的生命价值、形神关系、动静关系等一系列问题的基本态度和哲学思考。可以说，中华传统体育养生文化的形成和发展是对中华传统养生文化所表现出来的特殊观念、意识和思想的折射，是在特定的价值体系和文化环境中所形成的特定的思想动机和观念模式。

（2）传统体育养生文化。中国传统养生哲学的内容异常丰富且有不同的思想派别，以儒、道、佛、医家为代表的中国养生哲学，奠定了中国传统养生思想的基础。其养生内容不但与现代养生科学的研究成果相一致，还形成了一种具有崇尚节制、简约的独特养生文化，而且它所包含的人生哲学、人生艺术、人生美学等精深内容也是现代休闲观的重要内容。

1）儒家养生观与现代休闲社会价值取向趋同。儒家的养生哲学是儒家道德哲学的反映，体现了儒家对人生价值、养生目的的认识。儒家修身养性、仁寿相兼，重礼和节、养生延年，演练六艺、调养情性的养生理论对我国传统养生学形成和发展具有积极而深远的意义。儒家关注生命、重视修养、崇尚健康的养生思想，为积极进取的人生态度打下了思想基础。对于儒家来说，个人的道德修养，以及人文素质都是休闲的重要内容。儒家养生特点是以人与社会为核心，以礼制心，注重内心修养和社会实践，强调修养与修身的重要。孔子提倡“学”，孟子重视“思”，就是对人的主观努力的重视。从养生角度看，儒家的崇德修德是一种“养神”，而这种“养”更是一种精神的升华。儒家提倡的“大同”社会就是希望达到一种人人都可休闲、人人都有休闲机会的休闲社会。这种社会休闲观对中国人的休闲观有着直接的影响。对于养生来说，这是一个更高的层次。

儒家思想将民间凡俗的快乐引向了更加高尚、儒雅、积极的精神境界。追溯孔子时代，快乐的观念已明确地记载在《论语》之中，当时的快乐重精神而非物质，强调俭约而非富贵。儒家之“乐”所崇尚的正是勇敢地面对现实，在追求和实践道义的过程中将“享乐”升华为“快乐”。以现代眼光看，儒家这种休闲理念无论在生活实践中，还是在理论的建构中，都与现代西方休闲学理论的某些方面相契合。古希腊哲学家亚里士多德认为幸福存在于休闲之中。近代法国启蒙思想家斯宾塞说过，这些种种趣味的陶冶和喜悦（指休闲）不但是重要的，而且在即将到来的休闲时代，这些趣味比现在会远远地占有人生的绝大部分。美国学者杜姆茨泰讲得更明白："休闲比什么都自由，都快乐。"孔子说过："有朋自远方来，不亦乐乎。"林语堂在《人类的快乐是感觉上的》一文中曾说道："讲到快乐时刻的真正界限，以及它的度量和性质，东方人和西洋人的见解是相同的。"由此可见，古今中外的学者对休闲生活社会价值取向的论述总的说来是趋于一致的，即把休闲娱乐活动作为充实人生意义的一种手段和实践的途径。儒家的天地境界的含义是"仁"，而"仁"是离不开礼乐的。所以，学习礼乐就是成为儒家达到天地境界的重要途径。比如，我们将最具民族传统文化色彩的传统佳节作为一种"休闲"方式来看，就反映了我们民族传统休闲观的一个很重要的内容。一言以蔽之，便是乐中不忘教、闲暇思进取的所谓休闲原则和快乐宗旨。

2）道家养生观与现代休闲理念的一致性。道教注重研究人的生命发展，重视自然、社会、心理、生理之间的关系，提出了一整套养生的思想、理论和方法体系，从而有力地推动和促进了中国传统养生文化的发展。道教养生一是通过精神修炼，通过摒去利欲，收心习静等，做到处物而心不染。二是通过呼吸修炼。三是形体修炼，包括按摩、导引、拳术等内容，强调吐纳在前，屈伸在后，使呼吸运动和躯干运动密切联系起来。四是内丹，修内丹能将人体内的精、气、神凝聚起来，使人耳目清明，手脚轻捷，益寿延年。而道教关于清净无为、抱一守中、养神守形、专气致柔等观点对中国人的养生观、生命观和休闲观都有着直接的影响。道家思想为中华养生学，更为医疗养生奠定了理论基础。

老子提出"清净无为""返璞归真"以静养生的理念；庄子提出"恬淡虚无""任其自然"，并编制了"熊经乎申"的导引、吐纳等方法。道家流传的导引术，可谓五花八门，现在流传的八段锦、太极拳、形意拳、八卦拳等，都与道家的导引之术密切相关。道家的一个重要思想是崇尚自然。而崇尚自然的直接实践，便是走入自然的怀抱。正如陶渊明"偏放于田园"，这种走入自然的行为恰恰是最理想的休闲。道家认为，只有在纯真的自然面前，人们才能寻找纯真的"自我"。道家所提出的亲近自然、贴近山水，是一种在更高层次上向自然的回归。这种回归，是人们从人性的角度对自然的体悟和认同，借助"自然"对"自我"的拯救，成为人们养生休闲的一种手段。尽管这种休闲方式就是闲静下来，使身体好好休息，但与现代"休闲是人体回归其自然状态，消除工作紧张疲劳，恢复其体力和智力（以及情感）"的观念却是一致的。作为一种休闲理论，道家思想其最主要的贡献是它提出了一种积极的人生态度与人生理想。道家以自然恬淡、少私寡欲的生活情趣、清净虚明、无思无虑的心灵境界，以及由这种生活情趣与心灵境界为主，以养气守神等健身方法为辅的良好的生理状态，三者共同构成的人生哲学，既是一种长生方法又是一种人生境界。这种人生哲学实际早已成为中国人休闲观的重要精神支柱之一。事实上，现代“休闲”讲求的也是这样一种情趣和心境，或称之为生存理想境界。应该说，中国人所拥有的休闲思想资源和超然脱俗的休闲境界，与道教的养生理论和对休闲姿态的追求是分不开的。道家的休闲哲学从一个侧面展示了中国人的精神追求和审美情调。

3）佛家养生观与现代“精神和生命意义上的休闲”的价值认同。佛家养生，注重的是以“修行”来达到灵肉的升华解脱，促成生活的和谐自在。

古人云：流水之声可以养耳，青禾绿草可以养目，观书绎理可以养心，弹琴学字可以养脑，逍遥杖履可以养足，静坐调息可以养筋骸。先人们为养生论提供了思想深邃的哲学内涵，从养生学理论和实践中所透显出来的休闲观，一开始就表现出一种高格调、高品位。因此，内蕴于中国人养生学中的休闲理论一开始也就有较深刻的哲学背景。中国佛教禅宗，既不像儒家那样执著，也不像道家那样洒脱，而是在“于世出世”之中，追求着一种超越的精神境界。从出世法而言是“修道”，从入世法而言即“养生”。禅定中的修炼过程强调调身、调息、调心，是用一念统摄万念、意守一念而达到无所守为基本原则的。气功从佛教禅定那里吸收、接受了各种各样的心身修炼方法，成为渊源于古代中华民族各家各派心身修持方法的总称。禅宗的休闲哲学是一种简易可行的人生哲学。中国禅宗要人消除执著，保持一颗“平常心”，以一种精神和生命意义上的“休闲”，遵循着豁达、闲适、超然、洒脱的生活态度和生活方式，体现着中国人一种特有的生存智慧。在现实生活中，休闲与非休闲既容易区别，也难以界定。也就是说，“休闲”的内涵并不仅仅体现在对肉体舒适的追求和心灵愉悦的满足，它还应该包括人们在生活中精神与情感获得安抚或慰藉的过程，如佛家思想以超然洒脱的人生态度，抚慰人们的情感，松弛人们紧张的精神，这又何尝不是一种精神和生命意义上的“休闲”呢？

医家养生观与现代休闲观相通相融，自古以来中国本土医学（即中医）就将养生视为医学不可缺少的组成部分，中医的养生观与中国人的生命观以及休闲观也是相辅相成、相通相融的，因为它们都是关乎生命的学问。医家养生观认为，求得生存、保持健康是人类生存的最基本需求。医家养生以防病治病作为主旨养生方法，一方面运用药物、针砭等各种外在方法祛除疾病；另一方面通过心身自我调节，主动地顺应自然规律，把握自身之阴阳运化（如中医）。医家养生是一种积极的、扩张的、经世的，既不像儒家养生那样以“齐家，治国，平天下”为目的和理想，也不同于道家的消极和收敛的避世，更不是佛家追求的解脱自在、超越生死轮回的涅槃境界和出世思想，而是主张以自身身体为核心，以生命运动为宗旨，保持健康的体魄为最高目标。医家养生理论对中国人的休闲观有着直接影响，这首先表现在中国人对“情感”，也即七情六欲的看法上。在某种意义上，中国文化是儒、道、佛、医互补的文化。正是儒、道、佛、医四者的文化合流，奠定了中国传统文化的基础构架。更为重要的是中医的一些思想还对儒、道、佛产生过反影响或产生过修补作用，如天人观念、阴阳五行学说、气学说等。儒、道、佛在“养生”活动中主张让人真正享受人生的乐趣和自由的空气，已将“养生之道”化为一种真正的“休闲”意义上的生存之道。

应该说，儒、道、佛三家，虽然对于休闲方式、方法，以及休闲的具体内容在理解上有很大不同，但有一点是共同的，就是都强调心灵的自由，它们认为休闲的目的就是要人如何去达到“天地境界”，都是在探讨与建构以“境界为中心”的休闲思想。从这种意义上说，儒、道、佛的休闲哲学都是以人生境界为归趋的。其实，“境界”是中国人的一种休闲观念，而这种“境界”与中国哲学的价值论或意义论取向是相一致。“休闲”在中国早已成为人们追求生命意义的一种活动。中华文化在创造和丰富中国人的“休闲”价值观中发挥着作用，直至今天仍然如此。当今的休闲活动包括休养生息、自我娱乐、增加知识和技能、主动参与社团活动等一系列在尽到职业、家庭和社会职责后，让自由意志得以尽情发挥的活动。也就是说，休闲成为了一种提供休息、恢复、娱乐、自我实现、精神上的重生，提高身心智能等为了追求个人生活质量所自由选择的活动。

（3）传统体育养生文化与现代休闲理念的契合。传统养生思想以独有的文化意蕴诠释着人的崭新生活方式与生命状态，被提到了与人的生存质量、生命质量和人的全面发展的相关层面，成为现代休闲文化的核心内容与表现主题。随着文明的进步、社会的发展，人们对健康的概念有了新的认识，完整的健康含义不仅指身体健康，还包括与环境、社会相适应的心理健康。随着生活方式的变化，人们的生活游戏、娱乐的比重大，所以从本质上更接近本源意义上的“休闲”活动。生活的健康和快乐，尤其是由体育运动所带来的健康和快乐，更体现了休闲的本质。养生、健康更多地带上了休闲的时尚性质，养生休闲的个性化倾向也越来越明显。这是现代养生、健康、休闲运动相结合的一个显著特点。

我们不难发现：在中国，体育运动从“养生”到“健身”，再到“休闲”的发展，表明人们对“休闲”“健身”和“生活质量”及其相互关系的认识更加深入了。在现代人的体育运动及其观念中，已经包含了对“健康”的追求和“生活质量”的提高，融“休闲”“健康”和“生活质量”于一体。在现代城市中，娱乐设施和公共娱乐服务机构都已趋向公众“健康第一”的理念。在诸多现代休闲方式中，体育运动日益成为减轻压力、保养和增进健康的主要途径。体育不仅使身体处于积极的运动状态，而且能够创造并让人乐于接受有价值的心理挑战，同时在其中学会应对这些挑战的技巧，并获得一种乐观向上的精神姿态，最终成为大众所普遍钟情的一项养生休闲活动。在当代，随着运动休闲的普及和人们对休闲形式的需求，以休闲为目的的运动越来越丰富，休闲运动已成为专有名词被人们所接受，并正在作为一种生活方式，受到人们的重视，许许多多丰富多彩的休闲运动也应运而生。然而，现代文明社会对“健康”概念的含义更加广泛，它已不仅仅是机体的生理问题，而且已经涉及情绪、精神、思想和社会多种因素之间的微妙平衡。这是与中国传统养生文化和中医理论对健康生命的要求相符合的。中国人所讲的养生、养心、养性、养情、养神等的协调平衡，实质上就是今日文明社会所主张的五个方面。因此，养生在现代中国人生活中也由此获得了全新的意义。它不再是个体生命悠闲自得、延年益寿的消极手段，而是生命本真状态的一种积极展示。

（4）中国人的养生学里包含着一种现代人才有的休闲观。当然，这种休闲观一开始只是养生学意义上的，而后才有了休闲学意义上的独立价值，使生命处于一种娴雅、自由、轻松的状态，而这就是今人所说的“休闲”状态。今天，我们重新诠释儒、道、佛家休闲观念的目的就在于让现代人走进生活，认识到“生活”不只是为了满足现实需要而“忙忙碌碌”地“活着”。它是一种休闲，一种心态的平和使自已感到生命的快乐的态度，一种真正的精神享受。获得人生的意义，实现人生的价值，没有儒家的德性、道家的修性、佛家的悟性的人生是不完美的人生。这就是我们今天理解儒、道、佛家休闲思想的核心，也是现代人生活所需要的。

8 王阳明心学体育思想对我国现代学校体育的指导价值

8.1 王阳明心学体育思想有助于培养学生的身心全面发展

王阳明心学体育教育的目的是使学生在身心两方面得到发展，具体包括了身体素质、心理素质、文化素质、思想品德素质。学生身心全面发展，是指促进学生身体与心理的协调发展，具体地说，就是要促进学生身体、智力、情感、行为等多方位的共同发展。身体素质主要是体现人体体质水平的标志，是人体各种器官在体育活动中表现出来的速度素质、力量素质、灵敏素质、柔韧素质等方面的能力表现。所以一个人体质的好坏，也体现了身体素质水平的高低。改变传统的单一、枯燥、被动型、重复型、竞技型的体育教学方法，构建创新的体育教学方法，对学生加强创新精神、创新意识的培养意义重大。这就要求我们必须改变教育观念、努力创新促进学生身心全面发展。

王阳明的身心思想根本的出发点：第一，身心在本质上是统一的，是一个整体。在规范意义上，身是心的功能，心是身的主宰，身心相互作用，相互表现，而从其本原层面上，精气神实质为一，因此身心是一个内在的统一体。第二，在现象层面上，身心又是分离和对立的，是小体与大体、私欲与德性、人性与天理之间的分别和对立，如何克服这种在日常中、在现象层上的身心对立和冲突是儒学身心修养的核心问题。但是，身心是统一在人体中的存在，二者不是截然分开的，它们之间的矛盾冲突是在融通整体中对立，又在冲突对立中渗透的关系，最终又反映在人的意识层面。因此，个人身心修养的核心在人的意识层面，以之为出发点进行自我调整，从人心（人欲）到道心（天理），身心问题在这个意义上转化为心灵问题，其途径与表现就是定心与安身，最后达到身心一体的“惟精惟一，允执厥中”的状态，既然以心为主导，其具体修养就是立志持志。志即“心之所之”是思想的定向，在这个定向之中，同时调节了人的气机。持志一方面涵养了人的正气，同时它又能摒弃排除从外部环境侵入的歪风邪气。

王阳明对“志至气次”的解释是心志的存在同时就是气机的存在，二者不是先后关系而是同时存在的，人的心志在其间起着引导和协调的作用。气机是人心与人体的贯通与联系环节，又是人的存在的原子基础，志气的相依与通达使人的身心实现和谐与整合。王阳明在此基础上认为，心性气是最终为一的。气的和顺、协调与人的道德知觉的互动就是人的自我修养的进程。王阳明以身心的一体整体为出发点，又将之扩展到人身之外的整个外部“世界”。他认为人心尤其是人心之本体的良知，不仅是个人的主宰，同时它也是宇宙贯通联结的基础，从而上升到他的心物一体、万物一体的思想。“物”相对于心灵的主观特性，它是一种客观实在。

但在王阳明看来，这种客观实在不是与人心相分离的，而是互相联系在一起的，人身本身就是“一物”；在我们之外的社会事务因为它是与人的社会活动与人心灵的活动相联系，因此它们是“意用之物”。那些纯粹的客观世界部分，如山川日月草木禽兽，因其与人的一气贯通，又因人良知的灵明而结成一体。人心因其灵明而使“世界”呈现，因精气神的本原上的统一以及神明即灵明的主宰而构成一个结构性的整体。这种万物一体的本质在于：人的良知是通达天地的，人心是个“天渊”，普含万物。良知聚而为精，散而为气，化而为神，其本为一，它就是人性，这个人性具有抽象和实在层面的双重普遍性。由此，它涵盖万物，遍被万物，贯穿万物。也因此，人与外界包括人与万物都是心气相同的，也因此大学才是学为大人的，而大人则是与天地万物一体，生民欢乐痛楚才都是感同身受的。这种感知方式其一是人的感官知觉与天地万物开合同步；其二，人与天地万物有一触媒即所谓“感应之几”，它是因为气机的存在才使得人体与外物形成联系和贯穿，才形成心、身、物的总体一体性。

王阳明的身心一体和整体论同时也是他的知行合一思想的基础。知行从身心层面来讲就是心知身行，由于人的身心在本质上是一体的，而良知既是人的本体。因此，它是人身认识和行动的发动者，它是人身的主宰。所以，人要通过“致良知”来发明自己的本心，实现为圣贤的目的，朱子学的问题在于如何从对世界的认识转到人身本身来，实现自己的气质的转化。王阳明变知觉为良知，而良知的特点恰恰是本身既能知又能行，良知作为纯粹的道德意志既是是非价值的裁断者，又是道德行动的主体，根据王阳明良知能知能行的认识，因为它是通过真诚的“好恶”来判断来行动的，最终达到一种“乐不容已”的境界。这种“好恶”的先天本能在于人的身心在先天本质上是一个整体、不是彼此分离和断裂的。当然，在现实中的个体，他的知行不能完全统一，这在于他的身心没有回复到他的先天的整合状态。人的“良知致”就导致人的行为变成一种道德意志的冲动和快感，因为身心统一和谐、志气的通畅构成一种内在的道德能量的爆发，形成行动的直接性。因此，“一念发动即知即行”，同时也可以说成是“心者行之始，身者知之成”。在这种人的内在的身心修养和良知行动中，人的道德意识即良知为“知”。这种知当然不是我们通常所说的通过外部观察或学习所能获得的知识，这种修养本身是一个体知的过程，是一个内心自我感知自我转变的过程，同时在行动中是人的自由意志实现的过程。作为传统文化的王阳明的身心思想，对于从古典到现代所形成的西方哲学的诸多问题都富有相当的启发意义和价值，对于我们今天社会中存在的许多现实的个人生存的挑战，以及由此引起的身心等方面的困扰也不无启迪意义。

8.2 王阳明心学体育思想可以培养学生的终身体育的观念

通过研究王阳明的心学思想使我们认识到，目前对学生体育理论课程开设是不足的。体现在教材《健身健美运动》中，健身知识、营养、休息等，对培养学生的健身意识还是比较重要的，现行体育课的内容，会导致学生所学习和掌握的各种体育知识、技能不足，无法合理的运用锻炼身体；而体育教学工作者在进行体育教学过程中，直接有效地穿插心学体育思想培养教学内容，所采用的方法方式需要完善，输出的体育内容与方法等，对学生的终身体育思想程度也是相对重要的。

所谓终身体育是指一个人各个时期所接受的体育教育、所参加的体育活动、所坚持的体育活动的必要性，要求人们在人生的各个时期都应将体育作为生活内容来看待和安排，充分享受体育的乐趣。如何使学生在校期间既能学到全面的体育知识、技能，又能使他们有一二项热爱的、可以坚持终身的运动项目；如何使他们既能在校阶段锻炼身体，又能使他们愉快自觉地在他们一生中参与运动，体育教学中加强终身体育教育已成为学校体育改革的重要课题。在体育教学中如何培养学生终身体育能力和习惯要抓好几点。

（1）加强“终身体育”思想的教育。体育教育应成为“终身体育”的一个入门期或一个过程，而学生则是这一过程的主体。因此，在教学中，首先应加强对学生“终身体育”思想的教育和培养，树立正确的体育价值观，使学生充分认识到体育的功能；充分体验到体育的魅力；充分意识到坚持终身体育锻炼于国、于民的重大意义和作用。我们还要做好学生体育观念的转变工作，贯彻教育育人的宗旨。抓住入学教育和平时的体育理论课教学，讲解终身参与体育锻炼的作用和价值。明确终身体育不仅是个人生存、享受、发展的需要，也是社会进步和发展的需要。学生对此的认识水平越高，对体育的热情、兴趣和爱好就越大，“终身体育”思想的产生和发展就会越稳固。提高了学生对体育的认识，就可为实施“终身体育”教育奠定思想基础。

（2）注重兴趣的培养坚持终身的体育锻炼，就必须充分调动起学生的自觉性与积极性，而自觉性和积极性的动力又来源于学生对体育的兴趣和爱好。因此，在体育教学和课余锻炼中，教师要善于培养学生的兴趣和爱好，切不可为了完成教学任务，而自觉不自觉地抹杀了学生对体育的兴趣和爱好。以往我们的教学不乏强制体育的烙印，那种压抑学生，无视学生心理特点而谈的知识、技术、技能传授与体能发展的被动教学及指导思想和方法，有时使学生感到厌烦；呆板的教学管理，使学生即不敢轻易缺课，又产生了逆反心理，对体育锻炼产生了消极情绪，这样对学生的健康、体质、心理的发展都产生了不利影响。在教学和课余锻炼中，要根据学生的年龄特征和心理特点，选择他们感兴趣的内容和方式来教学。在强调学习兴趣的同时，还要注意学生的创造性学习和主动性学习，在体育教学和锻炼中充分确定以学生为主的教学思想。在教学中，教师要放手让学生自己去做，而教师则要用“欣赏”的眼光去看待学生的成功与失败，多鼓励少责怪，热情指导。教师应尊重并发展学生个性，开发学生的智力，使学生主动、积极、自觉地去体验体育运动中的乐趣，从而培养学生自主的体育兴趣、意识、习惯与能力，主动积极地走向终身体育锻炼中去。

(3) 注重能力培养。现代学校体育早已摒弃了只是单纯传授体育知识、技术、技能的狭隘观念，发展学生的能力已成为学校体育的重要目标。即把传授体育知识、运动技术、技能，与发展学生自身的能力结合起来，使学生在运动中、在竞争中、在对抗中，发掘自己的潜能，体现自己的力量，寻找体育的美感、引发对体育的兴趣，提高体育意识，从而自觉地积极地去进一步学习掌握体育基本知识、技术、技能，以及科学锻炼身体的理论和方法。因此，体育教育应着重培养学生以下几方面的能力：自我体育锻炼的能力，自我设计体育锻炼的能力，坚持持久体育锻炼的能力，自我组织与管理的能力，适应社会环境发展与变化的能力，自我体育锻炼评估的能力等。学生具有了这些体育能力，就能在今后的生活和工作中，根据自己的体能水平和生理状况，合理地安排运动项目和强度，并对自己的运动过程和结果，进行医务监督和自我评估，使锻炼更科学并收效显著。另外，体育锻炼的刻苦性和持久性也磨炼了人的品质，使他们在社会激烈的竞争中，不怕受挫折，顽强拼搏，真正成为社会主义现代化建设所需要的有理想、讲道德、有知识、有能力的社会主义建设接班人。

(4) 体现终身体育的教学内容。学校体育作为终身体育的一个有机组成部分，要求学校体育能根据学校自身和学生自身两方面的特点与实际，发挥集中系统学习的优势，为终身体育打下坚实的基础。终身体育能否最终实现，关键之一就在于当各方面的客观条件都具备时，离校后的学生对体育的热爱程度，是否有自觉锻炼的习惯和独立进行锻炼的能力及是否掌握科学锻炼的内容方法。为此，必须对现有教材体系加以改革。其中，教学内容应根据课程的目标，突出体育基础理论知识内容，增加理论教学的时数。理论教材应选择有利于强化学生健身知识、增强健身能力、养护身心的原理和方法等内容。如“终身体育的益处”“体育锻炼的原则与方法”“科学锻炼的医务监督”等。实践部分则打破以竞技运动为中心的教材体系，采用具有较高锻炼价值的、能有终身受益的个性教材，培养学生锻炼、养护身体的能力。如中华民族传统的武术及太极拳运动；具有群众基础的乒乓球、羽毛球运动；适应现代人生活的网球和健身操运动等。应压缩基本教材的时数和比重，增加选修教材的比例，增强教材的科学性和知识性。使教学内容系统化、系列化，以适应终身体育的需要。

（5）改革传统的教学方法。要重视教师的主导作用，更要发挥学生学习的主体作用。我们不仅要让学生学习知识、掌握技术、提高成绩，更要加强对学生学习方法和学习能力的培养。教学手段应多样性、针对性、趣味性，改变过去的“传习式”的教学方法，注重培养学生的“参与性”。如在课堂教学结束前的小结中，用询问的方式，请学生提出对本次课的意见或是指出在掌握技术中的难点，这样就能使教师了解学生的“心声”和动作技术的掌握水平，使教与学真正地融洽协调。体育教学不仅传授给学生体育知识、技术、技能、更要使学生掌握学习知识、锻炼身体的科学方法，养成终身体育锻炼的习惯，不断提高学生对体育的认识能力。在体育教学中应注意启发学生的思维，重视培养学生理解力、想象力和创造力以及进行情感与审美能力的教育，养成良好的心理素质和道德品质，提高自我锻炼、自我评价、自我监护的能力。

（6）学校体育教育的具体责任。当前学校体育教育不仅担负着增强学生体质；掌握与提高“三基”，培养学生良好道德的任务，还担负着对学生进行“终身体育”教育的使命，使体育教育、体育锻炼不再是一个人走向社会以后就算结束，而是贯穿于人的一生的一种技能。在体育教学中，培养学生终身体育能力和习惯，探讨体育教学中加强终身体育思想的教育，培养学生终身体育的能力，使其适应现代社会与未来社会发展的需要是一个长期和完整的系统工程。

8.3 王阳明心学体育思想可以提高学生的道德修养

王阳明提出知行合一思想有其特殊的时代背景。当时，阶级矛盾、民族矛盾尖锐，冲突和战争不断，当政者为控制人们的思想，推行程朱理学，科举的内容也必须是在规定的范围进行。这就束缚了人们的思想，造成了很多人的言行脱节。王阳明自己就说，“知行合一”的提出是为了“吃紧救弊而发”，他强调“知而不行，只是未知”。

纵观现代社会人们的道德生活，许多人停留在道德认知层面，道德行为却严重脱节，明明知道什么是善，什么是恶，什么该做，什么不该做，表现出来的行为却不尽然，有些人对道德义务采取事不关己的态度，社会上见死不救、倒地不扶等行为屡次发生；有些人则是表面上行道德之事，内心却是极不情愿，心口不一，如，“雷锋三月来，四月走”，为博眼球的网络直播善事等；有些人则是道德败坏。王阳明认为天生良知，之所以出现道德失衡是因为人们的良知被欲望泯灭。当前，人们要通过不断的学习与道德实践，提高道德知识水平，养成良好的道德行为习惯，把社会道德原则与规范内化为道德品质。

道德教育关乎一个国家和民族整体道德素质的提高。我国自古以来就非常重视道德教育，尤其是在封建社会占主流地位的儒家学说。王阳明在继承儒家前人的思想基础上，创立了以“心即理”“致良知”“知行合一”等思想为核心的心学理论体系，突出了人在道德生活中的主体地位，并重视自我教育和道德习惯的形成，这与现代道德教育思想近似。因此，我们不仅可以从王阳明心学的思想理论中吸取相关的思想营养，而且可以以王阳明心学的思想理论反观现代高校道德教育工作中存在的不足，并从中得到启发。我们从王阳明心学思想理论对现代高校道德教育方法启示，从道德教育的视角，阐发王阳明心学思想的主要内容，对如何借鉴王阳明心学解决现代高校道德教育中存在问题进行探讨。

(1) 王阳明心学思想形成的过程，即心学形成的时代背景以及形成过程以及理论渊源。王阳明以“致良知”为核心的思想理论体系，即“心外无物，心外事，心外无理”的本体论、致良知的认识论、知行合一的伦理道德观，探讨王阳明心学思想体系中在道德修养方面可启迪后人的思想成果，以及其心学的局限性。

(2) 王阳明心学道德修养理论与现代高校道德教育方法论的契合，并对照现代高校道德教育方法论探析当前高校道德教育在方法和途径上出现的问题。从三个方面探寻王阳明心学道德修养理论与现代高校道德教育方法论的契合点：“我注六经”思想与现代高校德育重主体自觉观点之契合，向内发现良知的思想与现代高校道德教育之主体性原则的近似，“知行合一”观点与实践环节为重理念的契合。从以上王阳明道德修养理论与现代高校道德教育方法论的契合处寻求改进高校德育工作行之有效的途径和方法。

(3) 对照现代高校道德教育方法论探析当前我国高校道德教育在途径和方法上存在的种种问题和困境（忽视学生主体能动性的发挥、不重视从学生的现实生活状态和心理状态出发进行教育、不重视社会实践环节、教育方法太过单一、缺乏创新性和灵活性等问题），以期从实际问题出发，找出解决这些问题的有效途径和方法。王阳明心学对现代我国高校道德教育方法的启示。第一，“心即理”思想对现代高校道德教育方法的启示，如，引导学生追求高尚道德品质、给予每位学生道德自觉的自信和信心；第二，“致良知”思想对现代高校道德教育方法的启示，如：引导学生提升其道德修养的自觉性和自律性、重视师生主体间互动互促过程；第三，“知行合一”思想对现代高校道德教育方法的启示，如：引导学生社会性的道德实践活动、引导学生参与日常性的道德实践、引导学生通过持续道德实践磨砺形成良好道德习惯。

8.4 王阳明心学体育思想有利于提高学生的审美艺术

通过对王阳明心学的学习不仅能培养学生健康的身体，还可以提高学生感知美、鉴赏美、评价美、表现美和创造美的能力，逐渐积累较多的审美经验。体育作为增强人的体质的积极手段，能够发展人体的速度、力量、灵敏、协调、柔韧、耐力等素质以及肌肉的弹性和健美的体型，这些恰是表现人体美不可缺少的要素。对学生形成健壮匀称的体格、培养健美的姿态、轻捷矫健的动作、落落大方的风度有一定的促进作用。

另外，精彩的体育比赛表演，以其精湛的技艺、洒脱的动作、扣人心弦的竞争、运动或静止动作的艺术造型，甚至配有优美典雅的音乐，给人带来美的享受、精神上的鼓舞和道德上的熏陶，使人们追求美的天性得到满足。

总之，体育教学中的美是多方面的，它已不是单纯的、简单的理论和技术传授，而且还有更多的教育内容让学生生活中的体育活动更加生动丰富、感染力强，更有利于使学生在接受体育教育中不断协调身心，有效地增强体质，提高适应能力，促进智力发展，成为一个适应现代节奏、对艺术审美要求更高的标准。

(1) 审美观的培养。审美观就是指审美主体对美的总的看法。它体现了审美主体对美的总的追求，影响着审美主体对美的判断和选择。一个人具有什么样的审美观，就会有什么样的对美的追求。一个有着高尚的审美观的人，就会时刻以审美的眼光看待周围的人、事、物，就会在平淡无奇的生活环境中发现他人意识不到的美，就能在生活中比他人更能体验到发现美、欣赏美的身心愉悦感。体育艺术类课程项目中每一套动作、每一个组合，甚至每一个手势、眼神的运用都饱含着创编者的思想感情，体现其审美倾向，反映了创编者的审美观。教师在引导学生欣赏作品、练习套路时，要理解、体悟动作背后创编者的用心。一种高尚的审美观总是具有感人心魄的力量，引导人形成科学的审美观。科学的审美观就是对积极人生中道德、情操的探索和追寻，追求积极、高雅、正面和乐观的成分，舍弃消极、低俗、负面与悲观的因素。但这种作用的发挥是以学生对高尚的审美观的感知为前提的，而审美观的接受和形成是一个自主的、内在的过程，不能由外部强加进去。因此，教师在教学中要将主动权交给学生，激发学生的主观体验，让学生对套路动作进行个性化的自由解读，自觉地破解创编者隐藏在套路动作中美的密码。

(2) 审美情感的培养。审美情感是指在审美活动中，审美主体（人）对审美对象（现实中和艺术中的美）的一种主观感受和体验。具有正面价值的审美情感表现为精神上的快感，具有负面价值的审美情感则表现为精神上的厌恶。它不同于日常情感，得到的不是单纯的生理快感，审美情感是更高层次的心灵体验，所产生的是情绪的释放、精神的愉悦、心灵的自由。审美情感贯穿于审美活动的始终，可以激发人们积极地感受美，进而引导人们进行符合审美情感的活动，正确地对自己或他人的审美活动进行价值评价。体育与艺术是人类情感中最集中、最激动时的表现形式。人的形体动作能抒发人内心最激动时的情感。古人云："情动于衷，而形于言，言之不足，故嗟叹之，嗟叹之不足，故咏歌之，咏歌之不足，不如手之舞之，足之蹈之也。”舞蹈的这种特点，充分体现出它强烈的抒情性。情是艺术的主宰，审美情感作为一种审美个体的感受，具有主观性、直接性、直觉性，必须亲自去感受、品味，才能获得。

在教学中，教师要做好对学生的引导工作，通过自己对作品（一段舞蹈或一个套路）的理解，运用适当的课堂语言和语调，给学生创设一定的审美氛围，引导学生进入审美对象，把握对象的整体面貌，以自己的感情去感染学生，激发起学生的情感波澜，进入审美体验的境界。因此，在体育艺术课程教学中，在发挥教师主导作用下，把尊重学生个性化体验和学生主体地位结合起来，让学生心理真正自由起来，获得审美体验，培养起丰富的审美情感。在体育与艺术课程教学中所体验到的丰富的审美情感，将在学生的心灵上打开一扇明亮的窗，随时接收美的信息。学生能学会自觉主动地去发现美，感悟美，获得情感上的愉悦和满足。

(3) 审美感受力的培养。具有了审美观和审美情感，还需要有一定的审美感受力，才能进入审美。所谓审美感受力，就是对事物中所包含的美的元素有清晰的感知。审美感受力是人在与外部环境的相互作用与碰撞中获得的。审美感受力受先天因素的作用，但更需要后天的训练与培养。

罗丹说：“美是到处有的。对于我们的眼睛，不是缺少美，而是缺少发现。”当一个具有美的特征的事物出现在眼前时，要清晰地感知到其中的美，是需要有一定的审美感受力的。欣赏体育赛事，必须对项目的技术、规则有感知；欣赏绘画，必须对绘画作品的色彩、明暗有感知；欣赏音乐，必须对音乐作品的节奏、旋律有感知。一幅漂亮的画、一首动听的歌曲、一段美丽的舞蹈，都能引起人们的审美情感，但对大多数人来说，美则美矣，但到底美在那儿，该从什么角度去观察欣赏其中的美，却说不出所以然来，问题就出在缺少感知美的基础。

教育家苏霍姆林基曾经说过：“对所见所闻的观察、倾听和体验，犹如通向美的世界的窗口。”所以，我认为在体育与艺术教学过程中很重要的一项任务，就是要让学生置身于美的氛围中，通过构建视觉、听觉、本体感觉三维立体模式，引导学生去发现美、感知美。例如，健美操中单个动作、组合动作和成套动作的合理设计，集体练习时动作与动作、动作与人、人与人之间的巧妙配合，音乐与动作的完美结合等，无不显示出其美学特征。在健美操教学中，教师要巧妙地运用多种方式让学生切实地感受到美的存在。在教学中，互帮互评是提高学生审美感受力的重要手段。在实践中，让学生分组进行互练互评，也可挑选几名动作正确优美的同学做示范，让其他学生做出评价，教师再从各方面进行综合分析评价，使学生在评价对比中提高审美感受力。审美感受力在美育中是极为重要的，这种能力更多的要靠在后天的学习中获得。利用体育艺术类课程这个教学平台，通过教师有意识地“授之以渔”，教给学生学习、鉴赏的方法，审美感受力是可以培养起来的。

（4）审美创造力的培养。审美创造力作为审美能力的一部分，对学生创造意识和能力的培养具有特别重要的作用，对学习、生活都能起到良好的促进作用。在体育与艺术课程教学中，对学生创编能力的培养本身就是对审美创造力的培养。在此过程中，我们应用恰当的方法去唤起学生创造美、表现美的灵感与欲望，用适度的难点去激发学生对美的探索与追求，从而把学生对美的理性认识转化为表达美、创造美的感性表达，最终提高学生的审美创造能力。在体育与艺术课程教学中，对动作、套路的创编是教学过程的一个难点，也是培养学生审美创造力的良好方式。在教学中，我们还可以利用一些具体的方法来培养学生的创编实践能力。例如，设置一些小型的创新练习与游戏来启发或开阔学生的思维：搭积木组合法：将动作素材单元想象成积木，学生从以往所学的动作素材中选择出适当的动作素材，按照教师提出的要求，进行重新组合。创造活动是艰辛的创新思维活动的过程，在此过程中会体验到失败或懊丧，但在看到自己的创造成果时又会体验到成就感和欣慰感，使学生更乐于投入这样的活动，从而形成一种更为向上的审美观。具备了这种审美创造力，还能将课堂教学的效果延伸到课外，发展学生的审美能力。

审美是当人们满足了基本生活需求后，对自身生活品质不懈追求的产物，是更高层次的精神追求。而欣赏美、塑造美就需要有一双会发现美的眼睛，会创造美的双手。体育艺术课程教学中处处蕴含着审美因素，只要善于利用，就能对学生的审美能力进行潜移默化的培养，提高学生的审美能力。在此过程中，我们应用恰当的方法去唤起学生创造美、表现美的灵感与欲望，用适度的难点去激发学生对美的探索与追求，从而把学生对美的理性认识转化为表达美、创造美的感性表达，最终提高学生的审美创造能力。

8.5 王阳明心学体育思想可以弘扬民族文化并树立正确的健康观

王阳明心学高扬主体意识，强调内心的力量，充满正能量，对改善现代人的精神状态有积极的作用，可使一心崇尚物质享受的人重新获得健康的内心精神，在浮躁的社会中获得内心的充实与幸福。中华民族优良的道德传统要求我们注重整体利益、国家利益和民族利益，强调对社会、民族、国家的责任意识和奉献精神；推崇良心“仁爱”原则，追求人际和谐；讲求克制礼让，强调克骄防矜；倡导言行一致，强调恪守诚信；追求精神境界，把道德理想的实现看作是一种高层次的需要。同时，王阳明的心学旨在呼唤人的本体意识，重视道德践履，重视个体本身的优秀价值，对现代人个性的全面发展、思想的自由解放、事业的开拓进取也有强大的启发作用。现代思想政治教育注重道德教育实践，与王阳明心学的价值观重在实践养成一脉相承。社会主义核心价值观的“爱国、敬业、诚信、友善”，是公民基本道德规范，必须在思想政治教育的实践过程中进行建立。要提高现代公民道德素质，就要增强价值判断力和道德责任感的养成，就要为培育核心价值观营造良好的氛围环境。要广泛培养一代人做中华传统美德的传承者和社会主义核心价值观的践行者，在精神文明建设工程及学校的教学工作中，都应加强王阳明心学的传播。

(1) 王阳明心学是儒家道德修养的继承和发展。心学作为儒学一门的学派，最早源自孟子，南宋陆九渊启其门与朱熹的理学分庭抗礼。明朝王阳明首度提出“心学”两字，并提出心学的宗旨在于“致良知”，为心学开创了独立的学术流派。南宋著名的理学家朱熹提出“存天理，灭人欲”的理学思想体系，认为只有发现和遵循天理才是真善美，而破坏这种真善美的是人欲。天理是公善、人欲即私恶，灭尽人欲然后循道而行即为存善。陆九渊首先提出心学，认为人们心中先天存在着真善美，主张“发明本心”，即要求人们自己在心中去发现真善美，达到自我完善。王阳明的心学遵循孔孟以来的正统原儒思想，并在此基础上又融汇进佛家道家等诸家思想。王阳明的心学没有简单地反对朱熹，他认为朱熹的大道是正确的，但次序和方法错误。王阳明提出“知行合一”“致良知”“心即是理”“心外无物”等理论，是对朱熹学说的扬弃。王阳明的心学把格物、天理、本心都打通融汇了，认为格物致知的“知”，一方面指知识，更重要的是心中的信念。而这个信念并非通过单纯的学习可以达到，只能在实践中领会，所以知行是一个过程。通过实践后形成的信念有多种，在实践过程中要挑选不违背社会准则的作为信念的内涵，即是致良知。这一个良知就是心的基础，是个人的准则，也是天理。王阳明的“天理”指的是宇宙与心灵共通的法则（心即理），“人欲”不是指人的基本欲望（衣食住行之类），而是指超出法律与道德边界的不合理、不正当的欲望。因此，王阳明心学对“存天理，去人欲”的正确解释是：一方面，我们要了解更多的宇宙与心灵共通的法则，对内心保持更多的觉知觉照；另一方面，我们要不断去除内心世界那些不合理、不正当的欲望。

王阳明心学之所以能集儒家道德修养的大成，正是因为他能与时俱进，融汇佛家道家等诸家思想。佛教禅宗的“明心见性，见性成佛”也给了王阳明重要启发。禅宗认为真心自性本来是明的，具一切智慧、才能、福报，但人们的妄想、分别、执着等烦恼把它障碍住，所以不能显明。只要把这些烦恼去掉，本性智慧就显发出来，从而心明见自性真相。

禅宗认为见性即见到宇宙人生的真相，这个真相佛法叫作自性，即生起宇宙万物的根源。这个见到，是自己亲自见到，是自己实证的境界，佛法中叫作证悟。见性成佛是说证到这个真相的人就成佛，对所生的一切现象就没有障碍，得自在解脱境界。王阳明受禅宗启发认识到朱熹的“致知在格物”的局限性。就像拿镜子照事物，只是在照上下功夫。如果镜子本身不清亮，再怎么照都是徒劳。所以，圣人首先应该“修心”，只有自己的内心明净了，才有可能照物。人的内心深处，都有个“天理”，也就是“良知”，存天理，灭人欲，从而“致良知”。这与“见性成佛”有共通之处。陆九渊受制于当时的历史条件，思想还没有跳出儒家之外，认为佛家、道家都是旁门左道。王阳明能完善发展心学，是因为王阳明对佛学认识很深，王阳明所提倡的心学，不是单纯的儒学，而是儒学与禅宗水乳交融的产物。王阳明心学的精髓在于“知行合一”。其中有两个要点：一个是知行合一；还有一个就是良知。王阳明认为人如果有良知，就可以判断善恶是非，向善去恶。而有了“良知”，再“知行合一”，就能知道“圣人之道，我心自足”。王阳明实现了古人推崇的“穷理尽性”，王阳明心学是心智成熟的产物，也是使心智成熟的必经之路，是中国传统文化的重要遗产。

（2）王阳明心学在当代的重要价值。在当代，人们的思想感情受各种环境影响，存在着自私与奉献、贪婪与节制、懒惰与勤奋等相反的消极与积极的思想。有人不辨善恶、有人能辨却不能行，有人行而不坚，有人忽而行善、忽而从恶。王阳明的心学指出，人心决定人的价值倾向。人心向善、明善、行善即为善，知之行之即为善。善恶、成败的转换就在每个人当前的选择、当前的行动中。王阳明说：“我今说个知行合一，正要人晓得一念发动处，便即是行了。发动处有不善，就将这不善的念克倒了，须要彻根彻底，不使一念不善潜伏在胸中，此是我立言宗旨”（《传习录》）。指出人通过学习只能得到知识，通过实践才能“知行合一”，从而形成自己的坚定信念。这是王阳明能成为伟大的哲学家、军事学家、教育家、一代圣贤的根本。在科技飞速发展的时代，人类创造了丰富的物质文明，使生活日益丰富多彩，但多彩的物质生活却让一些人忽视精神生活。有的人名利地位样样都有，依然贪得无厌，认为人生的价值就是物质享受，总是在寻找物质刺激。在这种价值观的影响下，精神生活空虚烦恼，以致醉生梦死、腐化堕落。要治愈这种“物质病”，就得把向外追逐物质的眼睛转回来，关注自己麻醉的心灵。

王阳明心学是解决心病之学，是现代人需要的精神良药，是当代人所必备的精神食粮。一些人认为人生的幸福指数要以获得物质财富的多少为尺度，但一个人活得幸福不幸福，却只能由每个人的心灵去感受。一个人的价值观不正确，心灵处于不健康的麻醉状态，即使身为国王占有天下财富，也不会感到幸福，中外历史中贪得无厌而下场可悲的帝王数不胜数。有的人活得没有幸福感，最主要的原因就是不懂心灵修行的重要性。心灵是幸福的“感受器”，健康良好的心态是幸福的直接源泉。对心灵的修养机制无知，放任自己的心灵荒芜，无异亲手斩断自己与幸福之间的自然联系。王阳明心学一方面使人们了解人生与心灵共通的法则，对内心保持自觉，另一方面使人们明白要主动去除内心世界不合理、不正当的欲望。王阳明心学提供修行的指南，是人们获得心灵健康的正确途径，是通往幸福人生的必经之路。

(3) 王阳明心学是树立正确价值观的优秀教材。王阳明心学是中国优秀文化传统的宝贵财富，是树立正确价值观的源泉和土壤。王阳明说："知善知恶是良知，为善去恶是格物。""须要时时用致良知的功夫，方才活泼泼地，方才与他川水一般；若须臾间断，便与天地不相似。此是学问极处，圣人也只如此"(《传习录》)。王阳明"龙场悟道"的心学是难得的圣人价值观，王阳明心学创立后还以讲学的方式向世人传授自己的心学思想，成为影响巨大的教育家。在中国之外，日本、新加坡等国家，也都掀起了"阳明热"。众多外国学者对王阳明的"知行合一"心学推崇备至，认为是中国人成就自我乃至拯救世人的有效指南。有"日本经营之神"之称的稻盛和夫将王阳明视为精神偶像，哈佛大学教授杜维明认为王阳明是近五百年来儒家的源头活水。王阳明心学高扬主体意识，强调内心的力量，充满正能量，对改善现代人的精神状态有积极的作用，可使一心崇尚物质享受的人重新获得健康的内心精神，在浮躁的社会中获得内心的充实与幸福。

中华民族优良的道德传统要求我们注重整体利益、国家利益和民族利益，强调对社会、民族、国家的责任意识和奉献精神；推崇良心"仁爱"原则，追求人际和谐；讲求克制礼让，强调克骄防矜；倡导言行一致，强调恪守诚信；追求精神境界，把道德理想的实现看作是一种高层次的需要。同时，王阳明的心学旨在呼唤人的本体意识，重视道德践履，重视个体本身的优秀价值，对现代人个性的全面发展、思想的自由解放、事业的开拓进取也有强大的启发作用。现代思想政治教育注重道德教育实践，与王阳明心学的价值观重在实践养成一脉相承。社会主义核心价值观的"爱国、敬业、诚信、友善"，是公民基本道德规范，必须在思想政治教育的实践过程中进行建立。要提高现代公民道德素质，就要增强价值判断力和道德责任感的养成，就要为培育核心价值观营造良好的氛围环境。要广泛培养一代人做中华传统美德的传承者和社会主义核心价值观的践行者，在精神文明建设工程及学校的教学工作中，应加强王阳明心学的传播。贵阳市作为王阳明心学诞生地，更要在各方面积极营造培育中国优秀传统文化及正确价值观的浓厚氛围。

8.6 王阳明心学体育思想养生纳入学校体育教学的可行性

2002年8月6日，教育部颁布了《全国普通高等学校体育课程教学指导纲要》，把体育的目标分为基本目标和发展目标。在其发展目标中说，心理健康目标是在具有挑战性的运动环境中表现出勇敢顽强的意志品质；社会适应目标是形成良好的行为习惯，主动关心、积极参加社区体育事务。传统的体育课程资源在实现大学体育发展目标中的心理健康和社会适应目标时就显得力不从心，必须开发新的体育课程资源来实现上述目标。目前，我国的大学生都是20世纪80年代中后期出生的独生子女，他们在家庭生活中是中心，我们中国的家长有为孩子操办好一切的传统。据报道：近些年，在中外青少年组成的友好夏令营活动中，中国孩子的探险精神、吃苦耐劳精神、合作精神都不尽如人意。在信息化社会时代背景下，对人才的要求与过去有所不同，探险精神、工作态度、合作能力以及承担风险和笑面挑战的勇气等，都是未来人才成功的最重要因素。比如拓展训练，就是通过设计独特的富有思想性、挑战性和趣味性的户外活动和游戏，来培训人们积极进取的人生态度和团队合作精神挖掘人的内部潜能，是一种现代人和现代组织全新的学习方法和训练方式。

而学校的体育课程是通过一定的体育手段，促进学生身体的生长和发育、发展智力、培养良好的道德情操等。它们的目的和手段有很多相似部分，都是通过一定的身体和智力活动，获得一些社会需要的精神。所以，在大学体育课中融入拓展训练内容，既丰富了课的内容，又实现体育课的目的，还可以免去单独在拓展训练公司培训学生的一大笔费用，这样既减轻了学生负担，又降低了学校的开支。因此，怎样将拓展训练融入大学体育课已成为每一位体育工作者必须认真考虑的问题，将拓展训练与体育课结合来培养高质量的人才更有现实意义和紧迫感。而我国在这方面的研究才刚刚起步，还有许多工作等待我们来做。

“拓展训练”英文为Outward Bound，意为一艘小船驶离平静的港湾，义无反顾地投向未知的旅程，去迎接一次次挑战，去战胜一个个困难！这种训练起源于二战期间的英国，当时大西洋商务船队屡遭德军潜艇袭击，许多年轻海员葬身海底。人们从生还者身上发现，他们并不一定都是体能最好的人，但都是求生意志最顽强的人。于是，汉思等人创办了“阿伯德威海上学校”，训练年轻海员在海上的生存能力和船触礁后的生存技巧。战争结束后，拓展训练的独特创意和训练方式逐渐被推广开来，训练对象也由海员扩大到军人、学生、工商业人员等群体，训练目标也由单纯体能、生存训练扩展到心理训练、人格训练、管理训练等。

拓展训练的培训方式思考。拓展训练给你一个非常规的情境，通过集体协作解决问题，其实这是一种从做中学的培训方式。这种体验学习圈的结构为：拓展训练的这种培训方式可以磨练克服困难的毅力，培养健康的心理素质和积极进取的人生态度，增强团结合作的团队意识，使练习者由内而外的强大起来。这就是拓展训练培训方式的最大益处。所以我们说，拓展训练的方式可以为体育教学提供有益的借鉴。

将拓展训练引入大学体育课的理论思考。拓展训练创造了一种非常的情景，让人从这样的情景中发现自身平时意识不到的欠缺、盲点和潜力，使人强烈地体验到个人奋斗的成就感和集体作战的愉快感，这对以后的工作和学习将起着潜移默化的作用，使人在今后的人生道路上以更加积极的心态去面对未来的生活。尽管体育教育也有培养拼搏上进团结协作的功能，但是，体育课与拓展训练相比较而言对人的心理影响强度较弱，体育教学内容如田径、体操、球类等也包含着一定的拓展训练因素，但缺乏情景的设计。用拓展训练的模式，补充和延伸体育教育的内容和功能，其发展空间非常大，也符合当前健康目标的要求，即身体、心理与适应能力全面地发展。但是体育课不完全是拓展训练课，不能把体育课变成地地道道的拓展训练课。而体育课根据拓展训练的要求与内容，可以把一些拓展课程与体育课程交叉渗透的地方以及在体育课上易于开展的拓展课程形式进行开展推广。比如拓展训练中游戏、跳水、攀岩、背摔、障碍跑、跳跃等项目移植到体育课教学中。但是，更重要的还是把拓展训练的培训方式移植到体育教学中去，把传统的体育项目挖掘出新的文化科学内涵。

拓展训练融入大学体育课的实证研究包括：拓展训练常用的游戏在体育教学中的应用，比如打破坚冰游戏在大学开学之初的新生体育课中。由于这些新生来自五湖四海，彼此之间比较生疏，有必要采用新员工拓展训练中的打破坚冰游戏让学生进行认识、沟通和了解。游戏方法：全体学生先蹲下作为鸡蛋，而后相互找同伴进行划拳，划拳之前先自我介绍自己，“我是来自何地的某某，我要进化小鸡和凤凰，请见谅!”然后开始划拳，赢者进化为小鸡，小鸡可以站立起来，找同是小鸡的同伴再进行划拳，赢者进化为凤凰，凤凰可以退出休息。小鸡输者退化为鸡蛋重新开始，一直进行十几分钟，直到大部分的同学都进化为凤凰为止。游戏的目的是相互介绍，增进友谊。在教学中采用这个游戏时，学生们刚开始感到很滑稽、不雅观。但是，在游戏进行后他们感觉：有点意思，比较幽默。应该注意的问题：在应用时，老师在游戏结束后要画龙点睛地进行主题升华，把这个游戏的哲学意义告诉学生：在实际生活中，很多时候是我们的面子观阻碍了我们的沟通和交流，为什么年轻人容易打成一片，也是因为我们不太顾忌所谓的面子，有时候领导风格可以决定部门的工作效率和工作热情。思考问题：同学间的关系究竟以何种方式相处更为融洽自然？

同起同落游戏与准备活动结合起来运用游戏目的：培养分析问题解决问题的能力及集体主义精神。游戏方法：让同学们在一固定的场地里慢跑，当老师喊2，就必须两人抱成一团。然后抱在一起的2人，想办法保持两个人一起坐一同站起。若大部分组都能做到时，老师让学生在场地里慢跑，然后以后依次变成4人、6人、8人一组或所有人一组再做。游戏中的困难：人数很少时，学生们能利用各种方法保持同起同落；但人数很多时，如果方法不对，就不能保持同步性了，这时候正确的方法显得越发重要，老师可以启发学生用合适的方法做，让他们体验成功的喜悦。思考问题：为什么2人、4人、6人时很容易成功？当8人时就有些困难，而全体队员为一组时却很难成功？方法对于成功重要吗？怎样才能让一个团体运转更协调？解决方案：成两列横队，相邻的人手臂相挽，与自己相对的人背靠背，这样才能更好地保持一致性。体验交流：大家背靠背有对方作为自己的支点，有了支点，我们的力量就有了依靠，就能帮助自己站起来。生活中我们都需要找个让自己能够发力的支点。这个支点就是我们的亲人与朋友，是他们这些幕后的英雄时时刻刻给我们依靠。所以，为了给自己创造一个更好的成才环境，我们必须保证要营造一个良好的人文环境，不要斤斤计较，要学会宽恕别人的过错，那样就可以给我们赢得更多的支持。

这一训练的启示、提升和迁移：

（1）木桶原理。现代经济管理学中有一种被称为“木桶理论”的观点，它以生动形象的比喻揭示了一个带有普遍意义的道理：一只木桶的盛水量，不取决于木桶最长的那块板，而恰恰取决于构成木桶的最短的那块板。所以，集体中不能有缺陷。

（2）牛顿第三定律。即作用力与反作用力规律。所以，人们多做好事，就能多受到正方向的作用力。

（3）一个集体怎样才能达到最大力量？要有一个离所有人很近的支点，就是一个集体的精神与奋斗目标，还要有使每个人都能发挥长处的领导。拓展训练中的一些体能项目在体育教学中的运用：1）接力式定向赛。队伍间比赛，通常三人或四人一队，比赛路线分为若干段，每名队员完成其中指定一段后尽快返回（接棒区）以触手方式进行交棒（不用接力棒）。全队队员时间总和和该队总成绩以时间最短完成全部赛程者为胜。2）夺分式定向赛。在赛区内设有很多控制点，每一控制点都有不同的分值，而分值由其距离、难度和与其他点的连接而定出。运动员在限定的时间内，凭技术，经验和体能，夺取分数。而超过限定时间返回终点的运动员则扣除一定的分数。队员无需依次序列到访各控制点，成绩以积分最高者为优胜，如有同分者则以时间最短者优胜。通常，队员都不可能在限定的时间内取得全部分数。上述两个比赛的项目，目的在于发展学生保持健康的适宜体能，以及在竞争中懂得合作才能达到既成功又打败对手的目的。3）体能极限运动。根据班级人数合理分组，再根据学生的身体能力确定极限体能项目，目的是培养学生突破自我的能力，以及敢于挑战自我的能力等。4）游泳课的极限耐力游泳比赛。可根据情况进行集体或个人比赛，距离由体育老师根据学生体能状况在最近发展工的理论指导下确定具体距离。5）徒手攀岩（有条件的学校可开展，即学校有人工山岩）。程序：在安全带的保护下攀上 8~20m 高的垂直岩壁，以手触顶端的横杆为成功登顶的标志，在整个过程中其他队员负责对攀登者进行一系列有效的引导。目的是考验力量、技巧、耐力、意志力及身体的全面协调能力。要求：教师应组织讨论、休息、总结攀岩经验，以及要引导学生懂得一些上到一定高度出现困难时是什么帮助你最终登顶？失败的一瞬间是否觉得有些可惜？但会把这些哲理变成学生终生受用的东西。6）现代社会对人才提出了更高层面的要求。而这种更高层面的要求绝不仅仅局限于其相对应的社会相关领域的专业素质，而是一种全面的、适应社会变化的综合素质。

学校教育必须采用多元化的教育方法，以培养出与时俱进的高素质人才。把拓展训练方法引用于学校体育中，有针对性地对这些能力素质进行有效培养，为未来生活做好准备，具有切实可行的价值。体育与拓展训练有机地结合是未来体育教学改革的方向和趋势，研究它具有理论与实际运用价值。对于常见的体育运动项目，可以采用拓展训练的方式组织教学，在运动场景提供的知识背景下，让学习进行情景体验试学习。建议有条件的学校应设置拓展训练项目，建立自己的拓展训练基地，让所有的学生都能参训并体会其中蕴含的潜在价值。广大体育教师在教学中，应巧妙地设置一些情景，使体育教学与拓展训练有机地结合。用拓展训练的内容、手段来改进当前体育教学单一的、枯燥的组织形式，使体育课更加生动、有魅力。将拓展训练融于体育课，对体育教师的能力提出新的要求，要求他们不但要因地制宜地设置情景体验，而且还要引导学生将这种体验转化为自己的人生知识，以便日后运用于生活和工作。建议体育教师多学习建构主义教学法，它对情景体验设置非常有效。

9 王阳明心学体育思想对我国现代竞技体育的指导价值

9.1 王阳明心学体育思想对遏制现代竞技体育异化的作用

王阳明思想道德，内容宏富，思想深邃，层面多广，绵延不断，对于我们讨论心学思想遏制竞技体育异化中的作用重大，我们应当合理弃取，古为今用。运用合理积极的成分建设中国特色的体育伦理道德，从而形成体育法规建设和体育伦理道德建设的良性互动关系，有效的遏制竞技体育的异化，为竞技体育的健康发展提供一个良好的道德环境。

现代竞技体育上的“重利”行为，是商品经济本身必然带来的价值取向，而一旦推动了制约和法律的管制，就会出现运动训练的野蛮化，盲目的加大运动负荷，在训练比赛中使用违禁药品、进行体育赌博、用威胁的手段操纵比赛结果等一列的有悖伦理道德的体育异化现象。从而导致道德的沦丧和道义的衰亡，使竞技步入歧途。因此，“重义轻利”的道德规范，无论是现在还是将来，对抑制竞技体育的异化都有深远的现实意义和指导作用。

以现代奥运会为标志的竞技体育已走过百年历史，现代奥运会的创始人顾拜旦提出了“一切体育为大众”的体育人文思想，把参与比取胜更重要，以人为本，对个人的尊重和对人的颂扬作为奥运会的核心理念。随着现代竞技体育的政治工具化、过度商业化、彻底职业化的现象日趋明显，产生了与奥林匹克“促进人的全面发展，维护人类尊严与和平”的宗旨相违背的竞技体育异化现象，如兴奋剂、赌球、黑哨、假球、运动员资格作弊等。竞技体育异化问题影响着竞技体育的可持续发展，如何使竞技体育回归正常的轨道，是学界和体育界需要研究的重要课题。

9.1.1 竞技体育异化的内涵

alienatio 作为异化一词的来源，有着“让渡、转让、疏远、脱离、分离”等含义。17~18 世纪至今，哲学家和启蒙思想家们对异化问题进行了深入研究，黑格尔首先将异化问题上升到哲学高度，他认为异化是指主体和客体相分离、相对立，主体因为内部的矛盾运动派生出否定自身，与自身相对立的他物，并且反过来压迫和控制着主体的过程，这里的主体是绝对精神。费尔巴哈则指出主体是拥有类本质的人，神的本质实际是人的本质，上帝就是异化的人。批判上帝与宗教异化是其宗教异化论的主要内容。而马克思的劳动异化论在前人基础上给予异化以新的内涵，揭示了在资本主义制度下劳动异化的四个形式：劳动者与劳动产品之间的异化、劳动过程的异化、人的类本质异化、人与人的异化。马克思认为，主体在劳动过程中产生的客体脱离并独立于主体，成为控制、束缚并奴役着主体的异己力量。马克思通过批判异化劳动揭露和批判了资本主义社会的实质。所以说，异化就是主体所产生的客体脱离、独立于主体，并成为异己的力量反过来支配、控制并奴役着主体。

竞技体育是以人为主体的身体活动，运动员、教练员、裁判员、观众都是参与竞技运动的主体。竞技体育是指在人的全面发展的基础上，最大限度地去挖掘与发挥人在体力、心理、智力等方面的潜能，将征服技术高峰和创造优异成绩作为主要目的一种活动过程。竞技体育异化是指主体参与竞技体育活动过程中，产生与竞技体育本质与宗旨相背离的因素与现象，这些因素与现象反过来控制与束缚着主体，从而阻碍竞技体育的可持续发展。竞技体育的主体在这种异己力量的支配下，会丧失运动的自主性与能动性，成为畸形化竞技体育的“奴仆”。

9.1.2 竞技体育异化的表现形式

9.1.2.1 竞技体育理念的异化

竞技体育以现代奥运会为标志，以“奥林匹克主义”作为价值理念。“奥林匹克主义”是顾拜旦提出来的，《奥林匹克宪章》中对其定义如下：奥林匹克主义是增强体质、意志和精神，并使之全面均衡发展的一种生活哲学，将体育运动与文化和教育相融合，创造在奋斗中求欢乐，发挥良好榜样的教育作用并尊重基本公德原则为基础的生活方式。竞技体育理念的异化体现在 3 个方面。

（1）竞技体育运动追求的“更快、更高、更强”，其内涵是号召人们本着奥林匹克精神奋力向上，超越自我追求更高的人生价值。但现实中，竞技体育的许多参加者却因为畸形地追求体育成绩而变得更低、更慢、更弱。其原因主要有两点：

一是参加竞技体育运动对运动员身体造成伤害。为了追求突破身体的极限，运动员经常超出自己身体的承受能力尤其是身体的再生恢复能力进行训练，造成在高强度、高负荷的训练下运动伤害的比例不断增大，使运动员成为身体健康最糟糕的一个群体。许多运动员不是因为年龄的因素而退出赛场，而是由于身体的伤残过早地结束了运动生命，当运动生涯结束时，身体留下了余生都难以治愈的伤痛，一些运动员甚至因严重的伤残而影响了一生的生活。二是金牌生产线上的运动员因过分追求体能、技术、成绩而忽略了人的全面发展，导致人的个性丧失和片面发展。运动员成为了竞技的手段，丧失自由意志和兴趣爱好，对运动成绩的追求而不得不放弃其他方面的发展，运动员的其他潜质被抑制。比如，许多运动员将精力投入到专项训练中而造成文化课学习的缺失，退役后因为没有一技之长而无法应对激烈的社会竞争，生活由此陷入困境。前有退役后沦为搓澡工的全国举重冠军邹某兰、沦为地摊摆卖者的国际马拉松冠军艾某梅，后有在地铁通道卖艺的世界大运会体操冠军张某武。

（2）“参与比取胜更重要”。顾拜旦认为，“生活中重要的不是凯旋而是奋斗，不是实现征服而在于尽力拼搏。”参与竞争重于获取优胜，优胜是暂时的，竞争却是永不会停止的，参与竞争才可能获得优胜，即使始终达不到优胜的目标，仍然能变得比以前更快、更高、更强，表现出挑战者积极进取的意志与勇气。而在我国竞技体育领域曾出现“胜利至上，金牌第一”的倾向，为了追求运动成绩，比赛场上的技术竞争愈演愈烈，比赛的球队要选择或避开下次比赛的某个对手，在比赛中通过打假球和无故弃权的技术手段来获得本队追求的利益。打假球者是为了自己能取得好成绩、好名次，可以获得表彰、受奖励、受提拔。“假球”却是对观众的欺骗，比赛把追求功利的结果放在首位，使运动员丧失了积极进取的精神，使激烈的比赛变成了“慢动作”，违背了奥林匹克精神，对社会尤其是青少年产生了极大的负面效应。

（3）“奥林匹克主义”强调将体育运动与文化和教育相融合，创造在奋斗中求欢乐，发挥良好榜样的教育作用并尊重基本公德原则为基础的生活方式。在我国，由于体育管理体制的原因，许多情况下弱化了人们参与体育运动的乐趣和精神愉悦。参加竞技运动不能直接与参与者的幸福联系起来，即在体育参与过程中不是始终肯定自己，而是有时否定自己；不是始终感到幸福，而是有时感到不幸；不是自由地发挥自己的体力和智力，而是有时使自己的肉体与精神受折磨。在“为国争光”，“为荣誉而战”的舆论氛围下，运动员代表的不是个人，而是身后一个庞大的集体，运动员的神经始终处于高度紧张状态，有时被迫被动地参加体育竞赛，失去了个体主动性，赛场上一旦受挫就会遭受沉重的打击，给自身的身体、精神以及社会带来挫败感。如体操冠军杨某因社会舆论压力过大，对训练和比赛充满恐惧和厌恶，造成心理抑郁被爆曾渴望成为清洁工；雅典奥运会110米栏冠军刘翔，2008年北京奥运会在起跑线上放弃比赛而中途退赛，这次的失败使一个被寄予了太多期望，曾经因金牌成“神”的运动员受到社会各界的质疑和责怪。

9.1.2.2 竞技体育过程的异化

竞技体育过程的异化，是指参与者为了追求好的成绩，在运动训练及比赛的过程中运用非理性、非科学、非人性甚至非法手段而导致的异化。异化的内容主要包括运动员培养上的非人性化、高科技手段运用的不合理，体育竞赛的不公平竞争与体育暴力事件等。

(1) 运动员培养上的非人性化。完整人格的塑造对于一个个体至关重要，运动员首先作为一个人，应接受完善的教育。然而，在运动训练的实践过程中往往仅重视人的生物属性，却忽视了人的社会属性，使运动员成为社会的一个特殊群体。一些教练员为了片面追求优异成绩，在运动训练的过程中采用非人道的方法和手段，采用打骂、惩罚、侮辱等不尊重运动员人格的言行。训练中，不顾运动员的生理和心理极限，盲目加大运动负荷，给运动员肉体和精神上带来巨大伤害。

(2) 高科技手段运用不合理。随着科学技术的飞速发展，高科技在体育方面的应用越来越广泛，为人类体育的发展起到了功不可没的作用。利用高科技手段取得比赛胜利，已经成为运动员取得胜利的依赖和寄托，纳米技术、仿生材料等被广泛应用于体育装备的研发，改进后的器材和设备性能更加优越，如“鲨鱼皮”泳装、玻璃纤维撑杆、刘翔的红色“魔鞋”等都为运动员的获胜提供了可靠保障。新装备的出现必然会增加运动技术的难度，对运动员的训练也提出了更高的要求，增加了运动员的生理与心理负担，难免会出现运动损伤的现象。另外，在训练和比赛中使用各种兴奋剂，通过提高人的生理能力从而提高运动能力，获得超出人的运动能力极限的成绩，而兴奋剂的使用会对人体造成极大伤害甚至引发死亡。还有通过“基因疗法”提高运动员体内红细胞生成素（EPO）的技术，竞技场变成了科技实力较量的赛场。运动员对科技的过分依赖将导致竞技体育领域中新的不公平现象出现，违背竞技体育精神和体育伦理。

(3) 体育竞赛不公平竞争。竞技运动的过度商业化使“金牌”增值，金钱的诱惑使运动员、教练员与裁判员参与竞技运动的动机发生了改变。竞技比赛不仅是运动员之间的竞争，也是多个利益集团之间的竞争，竞技运动变成了商品，成为牟取个人利益和小团体利益的工具。为了获得胜利，竞技运动的参与者在体育竞赛过程中可能采取各种不正当或非法的手段。黑哨、赌球现象即是其中之一。运动员资格作弊更加泛滥，通过改变运动员的年龄、身份以获取有效资格参加比赛，进而为某一地区、团体获得奖牌，如职业运动员参加业余比赛，成年运动员参加青少年组的比赛，这些不正当行为使比赛失去意义，严重违背了体育竞赛的公平、公正原则，造成极其恶劣的社会影响。

(4) 体育暴力事件。暴力行为是竞技运动对象化过程中所发生的对身体、精神、物体的强制力和侵害行为，包括竞技场上队员和球迷的暴力行为。虽然在一些对抗性比较激烈的体育运动项目比赛中规定了“合理冲撞”的内容和范围，但是随着比赛激烈程度越来越高，运动员为了取得比赛的胜利而有意无意地去侵犯、伤害竞争对手的事件时有报道。由于比赛中裁判判罚失误或运动员不冷静的行为，也时常会引发球迷、裁判员和运动员间的暴力行为，如 1995 年中国足球甲A联赛山东主场对阵北京和上海的两场比赛中，球迷对裁判员和对方运动员扔饮料瓶造成运动场的混乱。体育暴力事件违背了体育道德与竞技体育的宗旨，给竞技体育的发展带来了灾难。

9.1.2.3 竞技体育结果的异化

现代奥运会创始人顾拜旦指出，奥林匹克运动要发挥教育功能，就必须通过英雄或榜样的示范引导作用，其目的不在于打造精英，而是要教化民众。而竞技体育发展到今天，我们深感商业化和政治化对竞技体育的影响，竞技体育已成为政治和商业的附庸，逐渐丧失了其原有的文化教育本质。竞技运动的过度商业化促使运动员在高额利润的驱动下通过各种不公正的手段从事体育竞赛及其他商业活动，丧失了其对体育和竞技运动本身的兴趣，进而在物质利益的追逐中不仅损害了体育活动和竞赛本身的纯洁性，而且使之成为商业运作的工具，从事运动的人也沦为金钱和物质利益所奴役的片面发展的人，导致运动员“以成败论英雄”，成功者成为社会的精英，失败者成为社会的弃儿。长期以来，我国竞技体育沿袭着前苏联的举国办体育的体制模式，即由国家高度集中管理，举一国之力培养少数运动员，虽然在竞技体育上取得了辉煌成绩，为国家和社会带来了巨大的政治利益。但是，中国青少年体质健康水平多年来持续下滑却是不争的事实。

在竞技体育的发展过程中，竞技体育及其结果在两个方面发生了本质性变化：一是人在体育运动中的地位从目的演变为手段，这种现象的实质即是人的本质异化现象。二是人在体育运动中的结果发生了质的改变。运动的结果应该是由运动员自身的运动能力的“对象化”反映人的本质属性，但是借助兴奋剂等有违体育道德的物质及通过非法的手段获得运动成绩，与其说是人的运动能力的客观反映，倒不如说是兴奋剂等药物在运动中所发挥出来的药力效能。此时，人已经不再是比赛的主角，完全丧失了人的主体性地位，这与其说是运动员本质的“对象化”，不如说是运动员本质的异化。

9.1.2.4 竞技体育人的异化

发展体育，以人为本。以人为本即是指在本体上人是竞技体育的主体，在价值上人是实现竞技体育发展的目的。在社会发展过程中，人类通过竞技体育不懈地追求，充分挖掘自身的潜力，全面发展自我。以人为本指本体上“人是主体”，价值上“人是目的”，人类通过竞技体育而不懈追求的目标就是充分发挥自身潜能，全面发展自我，不断拓展人类生存和发展的空间。

在科学理性的僭越中，现代人成为只有“理性”而无“人性”的专家，成为了技术的工具。体育借助着科技开发着人体的机能，挑战着身体的极限，实现着对身体的全面控制和规训。人的情感和自由受压抑，不再去思考和改变自己，变成了运动技术控制和利用的工具，成为了缺乏批判意识和思想的单向度的人。现代竞技体育以提高运动成绩和报酬为目的，“见物不见人”，出现人的物化。运动员的身体和生命成为创造物质财富的资本，运动员之间、运动员与教练、运动员与裁判之间也变成了市场利益的交换关系，人的自我确认和价值认同依赖商品交换的社会关系，赤裸裸的利益关系与冷酷无情的“现金交易”，导致竞技体育领域中人与人关系的全面物化。

9.1.3 竞技体育出现异化的原因

9.1.3.1 政治因素的影响

现代奥运会创始人顾拜旦指出，奥林匹克运动的宗旨是“以人类的共同利益为重，通过没有任何歧视、以友谊、团结、公平的奥运精神来彼此了解，通过体育运动来教育和培养世界公民”，促进人类的共同发展，为建立和平与美好的世界作出贡献。随着历史的衍变，竞技体育越来越与国家、民族形象紧密相关。在“民族主义”“金牌至上”与“为国争光”的意识形态引领下，竞技体育成为了国家之间经济、文化、科技与国力比拼的舞台。竞技体育的政治功能日益被强化，已经成为国家政治和民族地位的象征，奥运会奖牌也已经成为一个国家整体实力的展现，成为了少数体育参与者获得地位、功名和财富的工具，已失去了竞技体育的本真含义。

9.1.3.2 竞技体育商业化和职业化的冲击

在第一部《奥林匹克宪章》中，奥运会创始人顾拜旦先生就明确了“业余主义”的定义：“凡以竞技运动为职业及曾经或现在靠竞技运动获得金钱者不得参加奥运会。为此，奥林匹克运动会永远不设金钱奖，只设荣誉奖。”然而，随着现代社会的发展，竞技体育的过度商业和职业化使人“物”化了，金钱和名利成为支配人的力量，体育价值变成了在金钱交易下的商品价值。运动员有着为获得高额回报的心理而进行体育竞赛或从事其他商业活动，完全丧失了其对竞技体育本身的乐趣，为了追逐物质利益而采取各种不正当手段去获取胜利，破坏了竞技体育的公平竞争原则，背离了竞技体育的初衷，失去了体育运动和竞赛的纯洁性，使之成为商业运作的工具，最终，从事运动的人也沦为金钱和物质利益所奴役的片面发展的人。

9.1.3.3 科技的异化

挖掘人自身的潜能，促进人的全面发展是竞技体育的终极目标。现代奥运会一定程度上蜕变成参赛国的科技竞赛场，他们将高科技广泛运用于竞技体育中，通过改善人类自身的体能和外在的运动环境，最大限度地突破人体的极限而取得最优异的运动成绩。运动员在训练和比赛中应用器具的科技含量越高、设备越先进，就越有可能在比赛中获得胜利而成为竞技体育的最强者。对科技的过分倚重会造成体育价值目标的偏离，注定了竞技体育赛场中公平竞争的丧失，导致一系列不公平现象出现。试想，当基因注射、服用兴奋剂与纳米包装的运动员与自然人同台竞技时，谁将是胜利者？科技的主宰地位的确立，使人失去了竞技体育中的主体性，人成了技术的奴隶。

9.1.3.4 人文精神的丧失

竞技体育的人文精神指以人为主体，通过体育运动来诠释人类生存的意义和价值，注重运动主体精神与意志品格的形成，以追求真、善、美等崇高的价值理想为核心，以人的全面发展为终极目标。我国的竞技体育形成了两极分化：一面是体制内集权管理的“为国争光”。普及是为了提高，提高是为了夺金牌，金牌是我国竞技体育倾注最大热情的追求。金牌效应导致金牌生产线上的运动员的个性丧失和片面发展，魔鬼式的训练和比赛不仅给运动员的肉体带来巨大的伤害，而且给运动员的精神也带来难以弥补的伤害。另一面是体制外失控的现象和足球市场化后的“假、赌、黑”现象。马克思对分工后大生产强制人、奴役人、束缚人的丑恶现象的批判，正是人们现在努力摆脱体育之重视经济、社会效益，只强调形象工程、金牌、奖金而漠视体育对人的全面发展，忽视体育为百姓生活服务所需要的批判理论和精神。

9.1.4 消除竞技体育异化的对策

9.1.4.1 弘扬人文精神，回归体育本质

竞技体育的参与主体与体育关系失调，导致人与人关系的全面“物化”，使人丧失了主体性，成为了追逐名利和金钱的工具，与奥林匹克精神和竞技体育目标相违背。而竞技体育的人文精神是以建立平等、公正、团结、合作的关系为目标，坚持“以人为本”，重视竞技体育始终为人的全面发展服务。加强对教练员、运动员、裁判员及管理人员的人文和道德素质的培养，使竞技体育参与主体树立正确的体育价值观，提高他们的主体性意识，自觉抵制体育的不正之风，回归竞技体育的自由、人性、道德与公平的本质，使竞技体育可持续地向前发展。

9.1.4.2 合理控制商业化，建立良好的竞技体育环境

商业化如一把双刃剑，对竞技体育的发展起着正负两方面的作用。过度的商业化会严重干扰竞技体育的正常进行，商业利益渗入体育竞赛，甚至商业化控制比赛，会使竞技体育被扭曲和异化，造成对竞技体育竞赛的本质特征——公平竞

争的破坏，违背了奥林匹克运动的崇高理想。事实上，竞技体育的运动员职业化，其重要因素也是商业利益。正确引导竞技体育的商业化，使竞技体育在商业的驱动下具有生机与活力，使其为竞技体育服务而达到互利互惠。同时，反对过度的商业化，反对以追求经济利益为目标的对体育比赛的控制与操纵，保证竞技体育的公平与公正。

9.1.4.3 加强法制建设，健全完善并严格实施体育法律法规与管理条例

加快体育法制建设的步伐，既是国家与社会形势发展的客观需要，又是新时期体育改革与发展的内在要求。为了巩固我国体育改革的成果，推动体育事业的健康发展，我国于1995年出台了《中华人民共和国体育法》，制定了在体育运动中严禁使用禁用药物和不正当手段，竞技体育纠纷通过体育仲裁机构负责调解、仲裁等一系列法律法规。随着社会的发展，我国竞技体育领域出现了许多新的问题。针对这些新问题，应加强体育的立法工作，修订和完善体育法律法规，加大依法治体的力度。积极宣传体育法律法规，加强体育法制教育，提高竞技体育参与者的法律意识。加强体育的执法工作，针对体育界的违法现象应启动司法介入程序，通过国家法律手段整顿体育市场，对体育商业化过程中被“物欲”思想左右的违法者，进行严厉而公正的法律惩罚。

综前所述，现代体育成为了赋予竞技性、体现职业性、充斥权力性、流溢商业性的功利化及组织化活动，竞技体育的异化现象有越来越严重的倾向。这种异化现象违背了现代奥林匹克精神的宗旨和基本理念，脱离了竞技体育作为一种人类“自强不息，积极进取”文化精神的初衷。竞技体育的目的在于人的全面健康、自由、和谐的发展，走上“关怀人，发展人”的道路，其价值核心是追求真、善、美等崇高的理想，其终极目标是实现人的全面发展。

9.2 王阳明心学体育思想对现代竞技体育的精神锻炼作用

王阳明“心学”一出现，学子蚁聚，风气大开，迅速成为明朝的一种主流哲学思想，引爆了明朝后期思想解放的大潮流。心学体系成为整个中国哲学发展史上的一个重要转折点，为封建社会后期异端思想的产生、发展奠定了雄厚的基础。王阳明从此成为我国明代著名的哲学家、教育家、政治家和军事家，是朱熹之后的另一位大儒，“心学”流派创始人。

但是，王阳明先生和宋代的朱熹在学术上有所不同，关于朱熹的争论几百年都没停止过，骂他的人说他是败类，捧他的人说他是圣贤。但是，无论如何，双方都承认这样一点：他是一个影响了历史的人、是中国历史上有影响的哲学家。

朱熹的“存天理，去人欲”和“格物穷理”。朱熹一生追求的东西名字叫做“道”。所谓道，是天下所有规律的总和，是最根本的法则，只要能够了解道，

就可以明了世间所有的一切。对于不同种类的追寻者而言，道有着不同的表现方式，对于和尚们来说，道的名字叫做“悟”，对于朱熹这类读书人而言，它的名字叫“理”。

朱熹的道源自儒家，也有道家的成分，又叫做“理”。既不是开悟，也不是练习武术，是从书中读出来的，而且还是能够拿出去用的，一旦通理，便尽知天下万物万事，胸怀宽广，宠辱不惊，无惧无畏，可修身，可齐家，可治国，可平天下！

朱熹提出的悟道的原则是：格物穷理。他告诉我们，“理”虽然很难悟到，却普遍存在于世间万事万物之中。

关于这个问题，宋明理学的另一位伟大导师程颐给出了明确的答案：“今日格一物，明日又格一物，豁然贯通，终知天理。”

朱熹理论中最为重要的一个观点，“存天理，去人欲”，这句话在实际生活中更普通地讲法是——“饿死事小，失节事大”。大家要知道，朱熹的思想世界和我们的是不同的，这位哲学家的世界是分裂成两部分的，一块叫做“理”，另一块叫做“欲”。

朱熹认为“理”是存在于万物中的，但却有着一个大敌，那就是“欲”，所谓“理”，是宇宙万物的根本规律和准则，只要人人都遵循了“理”，幸福的生活就来了，那好处很多，天下安定了，世界和平了，宇宙也协调了。换在今天，这个理还能降低犯罪率，稳定社会，最终实现和谐社会。

可是人类偏偏就是有那么多的欲望，吃饱了不好好待着，就开始思考一些乱七八糟的问题，搞得社会不得安宁。所以，朱熹的结论是，要用客观世界的“理”，去对抗主观人心的“欲”，而这才是世界的本原。

通俗地说，就是为了追求理想中的崇高道德，可以牺牲人的所有欲望，包括人性中最基本的欲望。这是一个对后世产生了极大（或者说极坏）影响的理论。到了明代，这套理论已经成为了各级教育机构的通用教材，也是大明王朝各级官僚们的行为准则和指导思想。

王阳明和那些朱圣人的追随者一样，对“格物穷理”深信不疑。而真正让他有所顿悟的是一次和禅师的谈话，终于让他领悟了一条人世间的真理：“无论何时，何地，有何种理由，人性都是不能，也不会被泯灭的。它将永远屹立于天地之间。”

知行合一是一个理论和实践的问题，有人认为知易行难，懂得理论是容易的，实践是很难的，有人认为知难行易，领悟道理很难，实践很容易。比如，朱熹就主张知难行易，这也好理解。按照他那个格法，悟道是很难的，但执行似乎是很容易的。

懂得道理是重要的，但实际运用也是重要的！这绝不仅仅是一句话，而是一种高深的处事哲学和生活智慧，足以使人受用终身。所以，它看起来很容易明白，实际上很难参透其中的道理的。

心学不但在中国发扬光大，还漂洋过海到了日本、韩国等东亚国家，特别对日本学术界以很大的影响。日本一位83岁的高僧把阳明学说带回日本，没想到竟风靡一时，学者云集，还分成了不同的学派。阳明学说更是间接地为日本明治维新起了思想上的铺垫作用。日本奉心学为圭臬，心学在日本的地位，几乎相当于文艺复兴之于中世纪，尼采超人哲学之于德意志。日本用心学理念教化日本国民，去除私欲讲究团队精神，改造国民素质，短短几百年发展为今天的世界经济强国。

王阳明体育精神是指体育运动中所蕴含着的、对人的发展具有启迪和影响作用的有价值的思想作风和意识。体育精神是由体育运动所孕育出来的意识形态。它超出了体育运动本身，内化为人类心中的一种信念和追求。奥林匹克旗帜上的五个环象征着五大洲，展示一种世界大团结的精神。奥林匹克的口号“更高，更快，更强”，强调拼搏与进取的精神。中国申奥标志中的太极拳形象，也展示中国文化与世界文化的融合。

体育是一种国际语言，人们甚至不需要翻译、不需要解释，就可以自由交流。它为世界和平做出了自己的贡献，奥运会承载了友谊与团结、和平与公平、关爱与尊重等精神内涵。奥林匹克是体育精神的代名词，是现代社会文明的标志。“神圣休战”、以追求和平与友谊为特征的精神，为我们所向往；尊崇公正、平等、竞争的精神，成为人们追求的理想；锻炼体能、展示健与美成为人们追求的目标。奥林匹克精神是现代社会文明的奇迹。体育精神让人们之间更容易沟通，让合作更广泛，让处处出现新的可能性。

体育比赛的最大魅力在于永恒的竞争，在于有规则的、公平的、平等的、和平的竞争。运动场上无论是总统还是平民，无论是明星还是新兵，都要站在同一起跑线上，听同一声号令，没有尊卑贵贱之分。体育比赛的另一个魅力在于不停地追求与超越，它追求人类的健美、完善、聪慧、愉悦；追求人类社会的友谊、和平、公正、进步；它挑战人类的生理极限，通过更快、更高、更强而不断实现人的自我超越。体育比赛的魅力还在于运动场上的团结协作和配合默契。一个眼神、一个手势、一句简单的语言提示，均可以使运动员之间的配合做到天衣无缝，行云流水，达到最佳的境界。竞争，是体育运动本身固有的属性。没有竞争，便没有体育竞赛和体育事业的蓬勃发展；没有竞争，也就没有“更高、更快、更强”的体育精神。竞争，也是社会进步、民族发展的强大动力，它关系到国家和民族的形象，从赛场上就可以看出一个国家、一个民族的精神风貌。从整体上说，我们应注意欣赏蕴涵在体育比赛中的那种崇高的“体育精神”，它包括竞争精神、自我超越精神和团结协作精神。

9.2.1 现代体育在人类社会发展中的积极作用

现代体育作为一种特殊的文化形态，在百余年的发展过程中对人类和人类社会的和谐发展起到了重要的作用。

9.2.1.1 人类健康全面的发展是现代竞技永恒追求的目标

现代体育运动在一定程度上是对人类生存的运动本能、好奇心、攻击性、创造性和破坏欲望等人性外在的反映——外化为非暴力性的竞技体育活动，并通过"竞争"的方式表现出来。这主要是因为人类在运动本能、攻击性等行为外化到竞技体育活动当中时，注入了公平、民主、开放、平等具有后天目的性的理念。现代体育是将人类身、心和精神方面的各种品质均衡地结合起来，并使之得到提高的一种人生哲学。

9.2.1.2 现代体育体现了科学精神和人文精神的统一

现代体育将运动、文化、教育融为一体崇尚奋斗，推崇精英的榜样作用，尊重并弘扬得到社会承认的伦理和道德。现代体育自始至终都突出地体现出求真、求实的科学精神和人道、理解、友谊和团结的人文精神。其核心精神文化所包含的竞技价值观、竞技伦理道德、竞技思维方式、竞技行为方式等，都是对这两种精神的体现和标示。

9.2.1.3 现代体育促进了人类社会的和谐发展

竞争是现代竞技的灵魂，同时它也是现代社会发展的一个重要的内在驱动力。现代竞技与封建、保守势不两立，强烈的竞争性督促着每一个参与者要不断地去创新和变革。正是这种强烈的、公平的竞争塑造了现代社会发展所需要的人才的素质。

人道主义是现代体育竞技的最高原则。现代竞技的人道主义内涵为人类社会的发展创造了良好的人文环境。因为，"现代竞技推行人道主义就是要抑制伦理的异化和对权力和金钱的过度崇拜，就是要反对政治斗争中的革命原则高于人道原则，反对科学技术理性对人的个性的压抑和操纵，消灭一切非人道的现象，使人类社会走向崇高和圣洁。而现代竞技中'和平、友谊、自由、民主'等行为品质都是对人道主义的现代社会背景下的具体的解释和反映"。

现代体育优化了民族心理，振奋了民族精神。一方面，现代竞技要求人们要不断地去挑战、去超越。它是一种对人的意志品质的磨练，对人的不屈不挠、敢于拼搏、勇于挑战、团结协作等人格精神进行培养和塑造的良好手段。而这种自强不息的人格精神又是一个民族在走向现代化、实现伟大的民族复兴中需要着重张扬与塑造的。这种效用会强有力地感染整个社会，从而对社会心理起到了巨大的净化作用。另一方面，现代竞技在走向国际化以后，逐渐成为一个国家、一个民族甚至一个地区胜负荣辱感受的释放源，并成为振奋民族精神的一个直接动力。

9.2.1.4 现代竞技加速了社会的现代化进程

现代竞技的竞争性以及它具有能够把全世界所有不同国籍、种族、肤色、信仰的人们聚集到一起的魔力，因此成为商品经济追逐的目标。在它的影响和支持下，现代竞技也逐渐形成了一个庞大的文化和经济实体。现代竞技成为一项拉动一个国家国民经济增长的产业，在某些国家甚至成为支柱性的产业。竞技产业成为任何一个国家市场经济中不可缺少的组成部分。现代竞技作为一项产业和经济实体大大加速了一个国家高科技的发展和都市化进程。

9.2.2 现代竞技在人类社会发展中存在的问题

9.2.2.1 现代竞技的发展目的与手段相颠倒

现代竞技的发展目的是促进人的全面和谐的发展，手段是指为实现这一目的而采取的一些措施。但是，在今天这两者的位置出现了倒置。主要表现为：现代竞技运动的职业化、商业化日趋严重。在巨额奖金和利润的诱惑下，人们不择手段去追逐金牌。这一切形成了现代竞技运动从未有过的“人文危机”。为此，前国际奥委会副主席何振梁撰文指出：“奥林匹克对职业运动员开放可能导致奥运会失控”，“过度的商业开放带来了现实和潜在的威胁……滥用兴奋剂的根源是商业化（或政治）的考虑。它对奥林匹克起着消极的作用。它违背了体育的根本目的，损害了运动员的健康。”

9.2.2.2 现代竞技忽视了主体的发展指标和发展目标

这是发展异化的一种表象。主要表现为：不重视现代竞技的教育职能。由于不重视现代竞技的教育的职能，使得很多运动员除了运动素质以外，其他社会所需要的素质都是苍白或是空白的。受高额利益的诱惑，很多运动员变成为只会“竞技的动物”。各种赛事的规模不断扩大对生态环境形成严重的威胁。

9.2.2.3 现代竞技出现了发展的失衡与失范，形成人们错误的价值观

一方面，运动员一旦成名便飘飘然，形成“以我为中心”“盲目尊大”或陷入不能自拔的利益分配当中，进而陷入“昙花一现”的危机中，这一点在我国尤为明显，如中国著名竞走团队的衰落。另一方面，过度的强调“竞争”（不良竞争），容易使青少年形成了只关心个人得失，使他们不能正确面对社会，正确

认识各种社会事物之间的关系，从而导致产生与社会发展相背离的错误价值观：暴力倾向和暴力伤害。通过竞技运动所表现出来的暴力倾向和实际伤害早已从赛场蔓延到社会上。一场对双方都很重要的比赛，举办地当局首要做的事情就是加派警力。

9.2.3 “以人为本”是现代竞技可持续发展的主线和基点

现代竞技的自然属性和社会属性。现代竞技的自然属性是指现代竞技作为一种完全独立存在的文化形态所具有的基本属性，主要是指其摆脱了政治、经济、军事等社会上层建筑的束缚和掩盖，完全是以自身的内在文化内涵为人类的和谐、全面的发展服务的一种属性。现代竞技的社会属性是指现代竞技作为一种社会文化，必然要和其他文化形态进行交融和渗透，并通过这种交融和渗透而具有了较强的社会意义和社会功能的一种属性。它的本质：首先，实现自身的发展。其次，为人的发展服务。但是，正是因为现代竞技所具有的社会属性，使其出现了一个极端的趋势：表面上现代竞技形成了一个蓬勃发展的景象，但实际上“面对权力垄断和集中的市场经济社会，现代竞技运动作为社会文化的一个重要组成部分更加不能自主选择或逃避，只有听命于单一的市场规则的强制，其人性消失了，被压缩为单调统一的标准模式”。而这种单调统一的标准模式可能就是把现代竞技毁于一旦的潜在的危险。清华大学党委书记说过这样一句话：“体育是教育的载体。”这话让人耳目一新。他说，体育不仅能给人以健康的体魄，同时能使人悟出很多做人做事的道理。而我们的教育，目前所缺失的，正是体育，从上小学到上大学，分数永远是衡量成功的唯一标尺。也许由于这一现象绵延时间太长，我们的教育，培养出了为数不少的“亚健康”公民。

9.3 王阳明心学体育思想对现代竞技体育道德的建设作用

人类社会的发展一度有过道德的失落和道德教育的荒芜，人们曾因沉醉于物质世界而忘却了精神的存在。进入 20 世纪以来，西方社会由于工业生产力的大幅度提高，科学技术的迅猛发展，人们创造出日益丰富的物质财富。在辉煌的物质成就面前，人们逐渐抛弃了许多人文价值的东西，道德教育被物质、金钱所淹没，人们越来越沦为金钱的奴隶，陷入了物质主义的泥坑。

在改革开放的中国，社会主义市场经济的建立，深入猛烈地冲击、改变着中国社会的一系列传统特征。在沉重而巨大的社会变迁中，物质财富的充裕令我们欢欣鼓舞，但是精神和道德的状况却同样让人忧虑。在我国曾经灭绝的丑恶现象，如权钱交易、行贿受贿、以权谋私、徇私舞弊、偷漏税款、贪污盗窃等重新抬头，侵蚀着人们的思想与灵魂。思想道德的建设，直接关系到全面建设小康社会的奋斗目标的实现。党的十六大明确提出建立社会主义思想道德体系的目标，把法制建设和道德建设、依法治国和以德治国紧密地结合起来，将道德教育渗透到社会的各个方面。现实的思想道德建设，离不开对历史上思想道德教育传统的批判和继承。中国传统德治精神的一个积极内涵就是对道德教育的重视，对培育和提高民众的基本道德素质的重视。

几千年来，传统道德规范在维系整个中华民族精神方面起了重要的纽带作用。因此，今天进行社会主义思想道德建设，必须与中华民族的传统美德、优秀的传统文化承接起来。王阳明的“知行合一”论，其中就蕴含着非常可贵的道德思想，对于我们现代的思想道德建设有着重要的借鉴意义。

勿需质疑，王阳明的“知行合一”论是站在认识论的角度提出来的。尽管“知行合一”着重于“心即理”在认识论方面的阐发，王阳明是以“知行合一”来论证“心外无理”“心外无物”的心学，从而把“致良知”思想推进到认识论的范围内。但是这种认识论具有一种非常积极的意义，即它注重实践道德。王阳明的心学是以实践道德学说来作为其核心的体系，他的全部哲学都是对此实践道德学说的探索和论证。撇开“知行合一”论中特定的历史局限，“知行合一”拥有其合理的内核，它所蕴涵的价值具有一定的超时代的特征，经过必要的现代转换，结合现实注入必要的时代内涵，它完全可以为现实的道德及新的德育文化建设所用。

王阳明的“知行合一”论，极大地强调了道德行为的能动性。“知之真切笃实处即是行，行之明觉精察处即是知”，这实际是把一切道德归结为个体的自觉行为。“知”必须是“行”，“良知”无不行，而自觉的行也就是知。“知行合一”论的目的，据王阳明自己说，一是为了“吃紧救弊而发”，二是为了论证“知行本体本来如是”。这恰好说明他的“知行合一”论的核心内容是“知行本体合一”，而“知行合一”论的重点在于强调“行”，知不离行，强调道德“践履”“笃行”。

重视实践，一直是中国传统道德的一个核心内容。哲学的各家学派都强调在树立起崇高的理想、信念和道德人格，解决了道德认知问题之后，最重要的就是要坚持社会实践基础上的“践履”，以求道德精神和道德实践的有机结合。今天的社会主义道德建设，是要对人们进行健康向上的价值教育，使人们形成奋发向上的精神和高尚的情操，这是一种主观精神产生的价值取向。但是这种道德教育，不只是要求人们服从某些规范，而应该去激发人们内在的道德情感与实践的理性能力。列宁说，共产主义不是背得烂熟的现成公式、意见、方案、指示和纲领，而应该是同人们的工作直接结合在一起的事业。进行思想道德教育建设，不仅仅属于意识领域的范畴，它也表现为人的客观活动，或者说是人的各种实践活动的一个方面。比如“善”，是健康的道德意识中的一项内容。列宁在肯定黑格尔的“善”是“对外部现实性的要求”的观点时，还进一步把“善”规定为人的实践。在黑格尔那里，“善”是行将变成客观现实的概念，是客观内容和主观形式的统一。列宁则指出“善”要有外部的现实性，是一种客观的改变现实的活动。因此，应当和必须把道德活动当作客观活动来研究，人们的道德动机、道德目的、道德准则在其中“客观化”为完全现实的、“物质化”的行为。我们今天的思想道德建设，正是要强调道德意识和道德实践的有机结合。

王阳明认为道德认识与道德行为是一致的，强调“知而不行，只是未知”，强调学以致用、“知行合一”，反对道德认识和道德行为的背离，这些和我们的思想道德建设重视道德行为、培养道德行为的做法是一致的。我们知道，道德行为作为道德意识的表现形式，是达到道德目的的基本途径，也是检验道德意识水平高低的唯一标准。所以判断人的思想道德品质的高低，并非根据他关于道德意识、道德知识能说“多少”，而是要看他“做什么”和“怎么做”。正如恩格斯所说，对于头脑正常的人来说，判断一个人当然不能只看他的声明，而是看他的行动；不是看他自称如何，而是看他做些什么，实际上是怎样一个人。因此，我们进行思想道德建设，必须强调道德实践。新时期的思想道德教育，不仅要让人们懂得道理，还要强调让人们切实去做，力行才是根本。“知行并进”才能实现德育的目标。要培养高尚的思想道德品质，不仅应让人们掌握一定的道德知识，具有一定的文化水平，还必须加强人们的道德修养实践，使人们将道德知识升华为强烈的道德情感和坚强的道德意志。社会主义的思想道德的确立，不仅离不开科学世界观的指导，离不开社会实践，更离不开在实践中的道德修养。而加强思想道德修养离不开正确的道德行为，只有重视道德行为，培养道德行为，才能使提高人们的道德修养落到实处。如果我们的思想道德教育能够使人们经常按照道德要求去做，就会使人们逐渐养成良好的道德行为习惯。而人们道德行为习惯一旦形成，道德修养就会得到切实的提高，我们的思想道德教育也就取得了极大的成功。

王阳明“知行合一”论的重要意义，还在于他强调了道德意识的重要性。王阳明认为，知和行是不能分离的，“知是行的主意，行是知的工夫”，“知是行之始，行是知之成”，知行只是一个工夫。在他看来，良知是知，致良知是行。王阳明重视道德理性和道德意志的力量，认为依靠道德的自觉，可以产生不可估量的力量，从而帮助人克服私欲杂念，产生正确的道德行为。不仅如此，王阳明还把道德观念看作是支配人们现实生活的先验精神本体，把人的主观道德修养当作救世的良方，想用加强个人封建道德修养的方法消融客观世界的一切矛盾，以实现其“天下一体之仁”的所谓太平盛世的幻想。

王阳明对道德的理解固然有他时代的特殊性，但他对道德意识作用的认识却对我们当今的思想道德建设具有重要的借鉴意义。道德意识是人们行动过程的指导原则，是人们选择行为活动的方针系统和评价行为活动的理性标准。当人们的道德意识和社会历史发展趋势相一致的时候，人们的道德活动就有正确的方向。如果行为是在履行某种崇高的道德意识下发生的，是在摆脱极端利己主义的私欲、服从阶级的社会的整体利益下进行的，那么就能产生积极的、健康的社会意义，获得广阔的发展天地。新时期我们的思想道德建设，就是要在人们的内心树立起崇高的道德意识，要在人们的内心积聚道德的力量，用社会主义的思想道德去照亮人们人生前进的道路。加强道德意识的教育，对于我们今天的社会主义现代化建设具有非常重要的意义。

改革开放以来，人们的思想得到了空前的解放，昔日的樊笼和禁锢被彻底的冲破，人们获得了极大的自由，敢于大胆地去追求自我。市场经济的建立，更使人们的个人需求越来越强烈，个人的东西也越来越合理化、合法化，人们的主体意识也越来越强。面对人们思想的这些急剧变化，如果我们的思想道德建设引导不够或不力，就可能使一些人的个人思想膨胀，陷入个人主义的泥潭。这对社会主义的发展和现代化的建设都是不利的，甚至是危险的。对于我们今天的青少年来说，进行道德意识教育就具有更加重要的现实意义。改革开放成长起来的当代青少年，生长在一个相对自由和宽容的环境里，时代精神所崇尚的是世俗的东西，青年人很少关注也很少受到传统优秀文化的熏陶，而从西方潮水般一拥而入的千奇百怪的文化快餐和流行艺术，更是广泛地渗透到青少年的生活中。世界经济全球化的出现和互联网的普及以及社会发展多样化的倾向，都对当代青少年的思想道德、价值观念产生着直接的影响。许多不良的文化形态正在消解着我们传统文化的权威，中华民族的许多传统美德正被逐渐地忘却，社会主义的道德意识也受到了直接解构的影响。因此，在新的形势下，我们必须充分地认识到加强道德教育的紧迫性和重要性。要保证全面建设小康社会的目标的顺利实现，就必须不断地促进社会主义物质文明、政治文明和精神文明的协调发展，大力加强社会主义思想道德的建设。

今天的思想道德建设，就是要继承和发扬传统道德教育中的精华，大力弘扬为人民服务的社会主义道德，倡导科学精神和健康向上的道德意识，通过道德实践，加强人们的道德修养，培养良好的道德品质。在道德教育中，我们要坚持以正确的思想信念和社会主义道德要求为指导，坚持理论和实际相结合，坚持道德认识和道德行为的统一。对年青人进行积极的、健康的道德意识教育，使年青人形成奋发向上的精神、高尚的情操，激发年青人内在的道德情感和实践的理性能力。王阳明认为，知行是统一的。的确，道德意识和道德行为是统一的。人的道德品质的形成和发展，是人的道德意识和道德实践互动的过程。所以，新时期进行思想道德教育，要使人们形成良好的道德品质，不仅应该提高人们的科学文化水平和道德知识，还必须不断地加强人们的道德修养实践，使人们把道德知识升华为强烈的道德情感和坚强的道德意志，从而形成坚定的道德信念，养成良好的道德行为习惯，把社会道德原则和规范转化为内在的道德品质。王阳明“知行合一”论在现代思想道德建设中具有积极的借鉴意义，几千年来，传统道德规范在维系整个中华民族精神方面起了重要的纽带作用。王阳明的“知行合一”论，其中就蕴含着非常可贵的道德思想。

“知行合一”思想对当代道德建设的影响是现实而深刻的。研究心学体育思想的这种影响，其重要意义则体现于：通过对这种影响的积极利用，在我国社会转型时期，促进社会平稳转型，减少道德失范，形成良好社会风气，实现人与社会全面、和谐的发展。

当前，我国处于社会转型期，经济、政治等领域，包括人的思想，都在发生着迅速而深刻的改变。社会的转型给我国带来了发展的契机，但是也使得我国出现了诸如道德失范、公德缺失、精神空虚、拜金主义等道德混乱现象，这些现象对我国的道德建设提出了严峻的挑战。当前的道德建设还面临着制度的困境，邓小平同志说过：“这些方面的制度好可以使坏人无法任意横行，制度不好可以使好人无法充分做好事，甚至会走向反面。”在道德教育方面，我国长期以来过分强调了“道德知识与理论”学习，重知识，轻行为，知行分离，也是当前道德建设面临挑战的重要原因。我国道德建设领域面临的挑战，更是凸显了儒家体育思想的价值。

王阳明对道德的理解固然有他时代特殊性和局限性，但他对道德意识的作用的认识却对我们当今的思想道德建设具有重要的借鉴意义。道德意识是人们行动过程的指导原则，是人们选择行为活动的方针系统和评价行为活动的理性标准。当人们的道德意识和社会历史发展趋势相一致的时候，人们的道德活动就有正确的方向。如果行为是在履行某种崇高的道德意识下发生的。是在摆脱极端利己主义的私欲、服从阶级的社会的整体利益下进行的。那么就能产生积极的、健康的社会意义，就会获得广阔的发展空间。新时期，我们的思想道德建设，就是要在人们的内心树立起崇高的道德作用，要在人们的内心积聚道德的力量，用社会主义的思想道德去照亮人们人生前进的道路。

9.4 王阳明心学体育思想对现代竞技体育的和谐催化作用

王阳明针对时弊，提出“心即理”的命题，创立心学体系，在当时对解放人的精神、恢复民众的人性意识产生巨大的积极作用，形成一股新的哲学思潮，并形成影响深远的“阳明学派”。明中叶后，阳明心学成为主要的哲学思潮，这得益于他的和谐教育思想、教育方法，这些对今天的教育都有重要的借鉴意义。

9.4.1 顺其自然的教育理念

王阳明认为，天地万物与人原是一体的，共发窍之最精处，是人心一点灵明。风雨露雷日月星辰禽兽草木山川土石，与人原只是一体，故五谷禽兽之类，皆可以养人，药石之类，皆可以疗疾，只为这一气可以相通耳。他的这一思想是对古代儒家“天人合一”论的继承和发展。“天人合一”论最早出现于《周易》，其基本思想就是天道与人道必须合一。它认为大自然的规律是和谐协调的，如天地运转、日月并明、四时循环等都呈现有序状态，认为人是大自然系统的一个组成部分，所以人道应当服从天道，天道是和谐协调的，所以人道也就必须和谐协调。儒家采用这一思想来阐发自己的主张。王阳明在研读“四书五经”等孔孟原著后，吸取了天人合一论中积极的一面，并结合自己的讲学实践进行了消化、发展。他强调教育要“调理其性情”“顺导其意志”“导之习礼”，使学生的知、情、意、行得到协调统一，同时还要“动荡其血脉”“固束其筋骸”，使学生的身心处于和谐发展之中，充分体现其天人合一、顺其自然的教育理念。

王阳明在给弟子解答疑惑时经常运用自然现象作为例子，进行通俗易懂的讲解。他认为“人于中和而不知其故，是盖先王立教之微意”（《传习录》第二卷），研读王阳明的《传习录》，字里行间都流露着他顺其自然的教育理念。他经常采用树木等自然生长规律来解释学生的疑问。他倡导教学要“自然感而遂通，自然发而中节，自然物来顺应”（《传习录》第一卷）。他教导学生说，周公、孔子等圣人也是各有所长的，“大要出于良知同，便各为说何害”（《传习录》第三卷）。这好比是一个院里的竹子，只要竹子的枝节相同，就是大同，如果定要拘泥于枝枝节节的大小长短一样，即使是造化妙手也不能办到，你们只要去培养良知，良知同，更不妨有异处。进而，他说，虽然云雾会把太阳光遮蔽，但不能因为云雾会遮蔽太阳光，而教天不要生出云来，人的七情顺其自然之流行，皆是良知之用。七情有着，俱谓之欲，俱谓为良知之蔽，就好似天上的云雾，然才有着时，良知亦自会觉。这是求同存异的和谐思想在教育中的体现。王阳明认为“人人皆可成圣人”，但并不是要求人人都做孔子一样的圣人，圣人各有优点和长处，每个人只要致良知，都可以做自己的圣人。这对于当前的教育工作者及家长来说是很有借鉴意义的。先贤王阳明顺其自然、因势利导的教育理念，正是纠正当前家庭教育弊病的一剂良药。

9.4.2 和谐发展的教育内容

王阳明的讲学活动前后达 25 年。他每到一处任职，均修葺书院，利用从政之余讲学。他讲学的内容主要是其“心学”思想，从龙场释《五经臆说》的阐述，“知行合一”，在滁洲讲学时强调“静坐”，在南昌讲授“致良知”学说，到天泉桥提出“四句教”，讲学内容从总体上来说是一个循序渐进、不断发展的过程，这也正是他学术思想不断发展、成熟的过程，而这也是他针对讲学活动中发现弟子出现的种种问题，不断调整、完善的过程。王阳明继承儒家德教重于文教的传统，认为“学校之中，惟以成德为事，而才能之异，或长于礼乐、长于政核、长于水土播植者，则就其成德而因使益精其能于学校之中”（《传习录》第二卷）。学生良好道德的养成，对其各方面才能的发展都有促进作用。王阳明不仅揭示了德育对智育的促进作用，而且也指明了学校必须根据各人的个性特长，培养学生多方面的才能，因而教育的内容不能仅限于四书五经等科举用书。

王阳明强调学校只有把德育放在首位，才能“追夫举德而任，则使之终身居其职而不易，用之者惟知同心一德，以共安天下之民；视才之称否，而不以崇卑为轻重、劳逸为美恶，效用者亦惟知同心一德，以共安天下之民。苟当其能，则终身处于烦剧而不以为劳，安于卑琐而不以为贱。当是之时，天下之人，熙熙埠啤，皆相视如一家之亲”。这是一种令人向往的和谐社会。为此，他在德育方面首先强调“立志”，认为“立志”是为学、道德修养之“本”，抓住了“本”，就有了好的开始，就等于成功了一半，如果不立志或立志不坚，则将一事无成。他把立志比作种树，不植树根而只培土浇灌，都是浪费时间和物力的。他说：“大抵吾人为学紧要大头脑，只是立志，所谓困忘之病，亦只是志欠真切”（《传习录》第二卷）。他还借喻树的生长规律指出“立志贵专一”，“诸公须要信得及只是立志。学者一念为善之志，如树之种，但勿助勿忘，只管培植将去，自然日夜滋长，生气日完，枝叶日茂。树初生时，便抽繁枝，亦须刊落，然后根干能大，初学时亦然。故立志贵专一”（《传习录》第一卷）。其次，不好名而务实。他认为，“为学大病在好名”（《传习录》第一卷）。道德修养和做学问都须经年累月，脚踏实地去用力，切戒好虚名而不务实。当弟子薛侃因“只闻誉而喜，闻毁而闷”，为了克服这个毛病来请教他时，他说：“最是名与实对，务实之心重一分，则务名之心轻一分，全是务实之心，即无务名之心。若务实之心如饥之求食、渴之求饮，安得更有工夫好名？”当有弟子问孔子作为大圣人也无法避免别人的毁谤时，王阳明说：“毁谤是自外来的，虽圣人如何免得？人只贵于自修，若自己实实落落是个圣贤，纵然人都毁他，也说他不着。却若浮云掩日，如何损得日的光明？若自己是象恭色庄，不圣不介的，纵然没一个人说他，他的恶愚终须一日发露。所以孟子说，有求全之毁，有不虞之誉，毁誉在外的，安能避得？只要自修如何尔”（《传习录》第三卷）。告诫弟子对待毁谤正确的方法是加强自身修养。

联想到当前社会上对教师微词较多，许多教师感到压力很大。固然在知识经济时代，科学技术的发展、知识更新的速度是迅猛的，加上人们的道德修养参差不齐，但教师只要注重自身修养，提高自身的道德素养和专业水平，可以说无论在怎样的社会中，都能当好一名德艺双馨的教师。

他还强调戒傲、改过。他认为，“人生大病只是一傲字。为子而傲必不孝，为臣而傲必不忠，为父而傲必不慈，为友而傲必不信”（《传习录》第三卷）。指出“傲”的危害，“傲者众恶之魁”（《传习录》第三卷）。他告诫弟子要力戒骄傲，贵于改过说：“悔悟是去病之药，然以改之为贵。”《传习录》第一卷）人一生难免会出错，即使是大贤人也是如此，关键在于能否知错而改，倘若真的能改过自新，即使曾经是流冠盗贼，也可以重新成为一名君子。

省察克治。王阳明继承和发展了儒家传统的“内省”的道德教育方法，提出了“省察克治”的修养功夫。他认为“教人为学，不可执一偏。初学地心猿意马，拴缚不定，其所思虑多是人欲一边须教省察克治，省察克治之功则无时而可闻。如去盗贼，须有个扫除廓清之意，无事时将好色、好货、好名等私欲，逐一追究，搜寻出来，定要拔去病根，永不复起，方始为快”（《传习录》第一卷）。为此，他在《教约》中写道：“每日清晨，诸生参揖毕。教读以次，遍询诸生：在家所以爱亲敬长之心，得无懈忽，未能真切否？温凉定省之仪，未能实践否？往来街衡，步趋礼节，得无放荡，未能谨饰否？一应言行心术，得无欺妄非僻，未能忠信笃敬否？诸童子务要各以实对，有则改之，无则加勉”（《传习录》第二卷）。这里通过询问、对答的方式教育学生养成省察克治的习惯。王阳明还在每日的教育内容安排上作了精心设计，让学生身心愉悦地学习，“每日功夫，先考德，次背书，诵书，次习礼或作课仿，次复诵书，讲书，次歌诗。凡习礼歌诗之类，皆可以存童子之心，使其乐习不倦”。他这样动静结合、体脑交叉的内容，既使学生学有所得，又使学生乐学不倦。可以说，他把德育、智育、体育、美育在每日的课程表中都作了恰当的安排，这在中国古代教育发展史上不仅罕见，而且也是极具先进性的。

9.4.3 因势利导的教育方法

王阳明在传授时特别注重学生不同的性情，随才而就，因材施教，从学生们各自的资质、特长出发，分别指导，最大可能地开发学生们的潜力。他觉得，只要心灵能够畅达，不拘泥现实利益，那么不管你做什么，选择什么行业，都能够成就自己。《传习录》中记载有钱德洪与王汝中两人对“天泉四句教”的不同理解，而王阳明根据两人的不同个性进行了点拨。

我们认为他在儿童教育方面的教法更有借鉴价值。王阳明主张要根据儿童的年龄和心理特征进行教育。他在《训蒙大意示教读刘伯颂等》一文中说：“大抵儿童之情，乐嬉游而惮拘检，如草木之始萌芽，舒畅之则条达，摧挠之则衰痿。今教童子，必使其趋向鼓舞，中心喜悦，则其进自不能已。借之时雨春风，沾被卉木，莫不萌动发越，自然日长月化，若冰霜剥落，则生意萧索，日就枯搞矣”（《传习录》第二卷）。这里，王阳明注意到儿童的心理特征和兴趣所在，对待儿童的教育方法应是顺应孩童的自然之性，激发他们的兴趣，而不是强制就范，扼杀其童心。他指出，故凡诱之以歌诗，不只为发其志意，也在于泄其跳号呼啸而咏，宜其幽抑结滞于音节：导之习礼，不只为肃其威仪，也在于以周旋揖让动其血脉，以拜起屈伸固其筋骸；讽之读书，不只为开其知觉，也在于以沉潜反复而存其心性，以抑扬讽诵宣其志向。这样，让儿童在歌诗、习礼、读书的过程中，身心得到愉悦、发展。这是王阳明遵循人的自然性情进行的仁义道德教育，以“诱”“导”“讽”等多种形式，发挥诗、书、礼等各科多方面的教育作用，通过多种教学活动搭配，从而使儿童“乐习不倦”。可见，王阳明已经充分认识到，违背教育规律的体罚等做法，是肯定达不到教育的目的的。王阳明“授书不在徒多，但贵精熟”的观点，对当前的义务教育尤其具有借鉴意义。他说：“量其资察能二百字者，止可授以一百字，常使精神力量有余，则无厌苦之患，而有自得之美。”让学生学有余力，不仅不会产生厌学情绪，而且能学有自得，体验到学有自得的成就感，增强了学习的乐趣，故而称“美”实为巧妙。

9.4.4 教学相长的师生关系

正德八年（1513年），王阳明在滁州任职，职务比较清闲，身边却聚集了上百学生相与论学。白天他领着学生游览琅琊山，在清冽的酿泉边、碧波荡漾的龙潭四周，谈论微妙的哲理。晚上皓月当空，众学生围着龙潭而坐，百余人欢快地唱着歌，歌声在山谷中回荡。这是一幅其乐融融的和谐师生图。这样的和谐师生图，无论王阳明在条件恶劣的贵州龙场，还是在山清水秀的家乡余姚，都有史实可以为证。“癸未年巳后，环先生而居者比屋。如天光相诸刹，每当一室，常合食者数十人，夜无卧处，更相就席，歌声撤昏旦。南镇禹穴阳明洞诸山，远近寺刹，徒足所到，无非同志游寓所在。先生每临讲座，前后左右环坐而听者，常不下数百人”（《传习录》第三卷）。由于他教学循循善诱，教学效果是非常之好的，“诸生侮听讲出门，未尝不跳跃称快”。所以，他深受每一个学生的爱戴和崇敬。这位一代名师与世长辞后，下葬的那天，自各地赶来奔丧的门人达“千余人，麻衣衰展，扶柩而哭，四方来观者，莫不交涕”（《王文成公全书》卷三十四）。

王阳明提倡师生之间相互“责善”“问难”，鼓励学生向教师提意见。这不但有益于学，而且有益于教，有利于教学相长。他说：“人谓事师无犯无隐，而遂谓师无可谏，非也；谏师之道，直不至于犯，而婉不至于隐耳。使吾而是也，因得以明其是，吾而非也，因得以去其非，盖教学相长也。诸生责善，当自吾始”（《成公全书》卷二十六）。他不仅热情地鼓励学生向他责善，而且认为这样相互责善、问难，不但能使学生对所学内容越来越明确，理解得越来越透彻，而且教师的学术思想也会越来越精深。他说：“此道本无穷尽，问难愈多，则精微愈显。圣人之言，本自周遍，但有问难的人，胸中窒碍，圣人被他一难，发挥得愈加精神。若颜子闻一知十，胸中了然，如何得问难，故圣人亦寂然不动，无所发挥”（《传习录》第三卷）。可以说，学生的问难对王阳明的学术思想发展、成熟起了重要的推动作用。

王阳明主张平等的师生关系，师生之间以朋友之宜相待，对学生是非常和善的，毫无“道貌岸然”的道学家的样子。他认为，过去那种“师道尊严”“师权为上”的思想只会将学生培养成唯唯诺诺、只知服从书本和权威、毫无创见的书呆子。而要真正促进学生个性全面、自由地发展，这种平等、民主和谐的师生关系是必不可少的前提。而更值得我们学习的是，王阳明并不只是提出口头上的主张，还真正做到了身体力行，通过自己平常的言谈举止，来深深地影响和感染学生，师生之间亲密无间、融洽和谐，从而使学生和他在一起时能无拘无束，自由尽兴地展现自己。在这点上，王阳明能打破当时封建传统的束缚，不仅在当时是非常大胆和有独创意识的，而且对今天的教育改革也是有着重要的启发和借鉴意义。

现代竞技体育文化是当今国际体育文化的主要表现形式和载体，作为一种社会活动形式，它既是一个相对独立的文化系统，又以一个国家的文化和整个世界文明的重要组成部分而存在。竞技体育是由一系列训练和竞赛组成的，竞赛的实质是比较优劣，决出胜负，这里虽不是你死我活、血肉横飞的战场，却也弥漫着无声的硝烟，是人们血与汗、笑与泪交织的聚集地。竞技场较之其他的任何社会场合，呈现出最为激烈和显著的竞争性，优与劣、强与弱，各种矛盾在这里一触即发。但在这种外在激烈冲突的表现形式下，现代竞技体育孕育着更高形式、更深层次的和谐内涵。在体育伦理的领域里，和谐不仅仅是体育文化发展状态的描述性概念，而是与公平、正义、民主等概念共同成为体育伦理的基本范畴和核心价值。竞技体育的和谐内涵并非凝固静止的，它有可能遭到人为的背弃，但在更高的体育精神的指引下，它又能通过人们的努力在动态发展中取得平衡，现代竞技体育的主要表现形式是国际奥林匹克运动会，可以说奥林匹克文化代表了当今体育文化的主要精神。《奥林匹克宪章》明确指出：“奥林匹克的宗旨是使体育运动为人的和谐发展服务，以促进建立维护人的尊严的、和平的社会。”可见，奥林匹克思想所追求的和谐是以个人为起点，进而延伸到人与自然、人与人，最后扩展到整个国际社会的和谐，造就全人类和谐的理想生存状态。

竞技体育文化建构人自身的和谐造就和谐的人的个体，就是要使一个人既有健康的身体，又有健全的人格，有正确的世界观和人生观，能正确地看待和处理个人与环境的关系。竞技体育文化对人和谐的塑造，首先就体现为对人的身心发展一致的追求。在希腊一处峭壁上镌刻着一句古老的希腊格言：“如果你想强壮，跑步吧！如果你想健美，跑步吧！如果你想聪明，跑步吧！”由此可见，古希腊人对体育的热爱，也可见古希腊人很早就认识到了体育赐予人们的是：健全的精神寓于健全的体魄中。现代奥林匹克运动之父顾拜旦在其著名的《体育颂》中热情洋溢地礼赞："啊，体育，你就是美丽！你塑造的人体，变得高尚还是卑鄙，要看它是被可耻的欲望引向堕落，还是由健康的力量悉心培育。没有匀称协调，便谈不上什么美丽。你的作用无与伦比，可使二者和谐统一。"

顾拜旦以诗一般的语言肯定了竞技体育既塑造美丽的人体，也塑造美丽的心灵，并使二者达到和谐统一。《奥林匹克宪章》进一步延伸了竞技体育的这一和谐内涵："奥林匹克主义是将身、心和精神方面的各种品质均衡的结合起来，并使之得到提高的一种人生哲学。"

作为现代竞技体育主体的奥林匹克运动的精神实质是对完整而健康的"人"的塑造。人们从竞技体育中不仅得到发达的肌肉、匀称的肢体和机敏的头脑，还有健全的心理素质和良好的社会公德，成为全面发展的人。

竞技体育文化建构人与自然的和谐。所谓人与自然的和谐，是指既关注人类，又关注自然，实现人与自然携手，生物与非生物共进，过去与现在统一，现在与未来的对话，时间与空间协调。与人类任何活动一样，竞技体育必须依附一定的自然环境。否则，它就无法存在和发展。竞技体育的可持续性发展既离不开对自然环境的利用，也离不开对自然环境的保护，二者必须协调统一，在竞技体育中建构人与自然的和谐。

近年来，人们越来越认识到在体育发展与保护自然环境中寻找平衡点的重要性与紧迫性。国际体育社会在 20 世纪 70 年代就开始采取措施保护自然环境。1972 年，由于生态组织的压力美国丹佛市失去了举办第 12 届冬季奥运会的机会，而同年慕尼黑奥运会则提出"健康环境中的健康比赛"的口号。《奥林匹克宪章》明确规定："国际奥委会认为举办奥运会应当显示对环境问题的关心，并在其活动中采取体现这种关心的措施，教育与奥林匹克运动有关的各方理解可持续发展的重要性。"国际奥委会的确在"其活动中采取体现这种关心的措施"。"绿色奥运"已成为 2008 年北京奥运会的主题，它充分体现了人与自然和谐相处的新概念。现代竞技体育中蕴涵的"绿色"理念的深层含义在于体育与自然环境的共生与相互关怀，在于体育在促进人与自然环境的和谐发展中所起的重要作用，体现的是人类在竞技体育中对大自然的关怀与人道主义精神。从这一层面上说，竞技体育文化所弘扬的"绿色体育""绿色奥运"的终极目的在于促进人与自然的和谐。

竞技体育文化建构人与人的和谐。所谓人与人之间的和谐，是指人与人之间的公平、公正的关系，每个人享有的权利与义务对等，在整体上没有根本利益冲突、个体之间存在一定利益冲突的前提下，能达到相互激励、相互促进又相互依赖的人际互动的社会构想。竞技体育以尊重客观和奉行公平、公正原则为基石，公平捍卫了体育竞赛的秩序与和谐。公平、公正的原则要求竞赛各方在规则面前人人平等，权势和财富被摒弃在竞赛场之外，不论国籍、社会地位、财产，运动员们只以他们的体力和技能参与角逐，比赛判定胜负的唯一标准是运动在运动场上的成绩。正如《体育颂》中对体育的赞颂："啊，体育，你就是正义！你体现了在生活中追求不到的公平合理……取得成功的关键，只能是体力与精神融为一体。"

这说明了竞技体育中的人与人之间的平等与和谐。利益的分配有章可循，有则可依，没有一个社会场合比竞技场的竞争更为激烈，也没有一个社会场合比竞技场更能体现人类在激烈竞争之中所孕育的公正和谐。竞技体育堪称一切竞争的典范，它为人类社会构筑了一个公平竞争和规范竞争的模式，这是一个平等、和谐，每一个人都乐于接受的竞争模式。它必然对全社会的竞争产生深远而广泛的影响，有助于推进全社会人与人之间的和谐关系。竞技体育文化建构国际社会关系的和谐，古希腊奥林匹克运动会的"神圣休战"为世人所熟知，展现力与美的体育运动比表现残暴的战争更为高尚、神圣，竞技体育的古老渊源中已内涵了各个政治主体之间和平、友好的基因。人类从动物祖先那里继承了暴力和攻击性的本能，这种本能在人类理性和道德伦理的约束下转为隐形。在文明社会里，竞技体育可以将这种暴力和攻击性的本能以有效而安全方式加以转移和倾泻，"体育运动的最大功能是替那些最不可或缺但又最危险的攻击类型（战斗热情）——加上一个健康而且安全的活门。"

竞技体育不仅将攻击性引向有益的渠道，而且促进各个国家之间的相互了解，民族文化之间的相互交流，促进全人类的和谐共处。现代奥林匹克运动会的目标是实现国际社会的"和平、友谊、进步"。比如，中美外交史上一度被传为佳话的小球（乒乓球）推动大球；1998 年 2 月 4 日第 52 届联合国大会通过一项书面呼吁，呼吁在即将举行的冬季奥运会期间全世界停止一切敌对行动，秉承古希腊奥运会所宣扬的各城邦和谐关系的传统；2000 年悉尼奥运会的开幕式上，韩国和朝鲜的运动员在同一面朝鲜半岛地图的旗帜下、身穿同样的服装携手入场，全世界报以热烈的掌声。这些都是竞技体育推动国际社会和谐的生动例证。现代竞技体育文化和谐内涵的价值背离现代竞技体育思想彰显和谐发展的理念，但在现实情况中，对这一和谐精神破坏与背离的现象却屡见不鲜。竞技体育在竞技场上本身是以夺标为直接目标的，在某种程度上不可避免地蕴涵着动机的功利性、行为的它律性、目的的利己性。同时，在后工业时代，社会的产业化、商业化不断扩大，工业社会的价值观念和市场经济运行机制，对竞争效益的追求占据重要位置。这些都导致了竞技体育的和谐并不是持久不变的，它有可能遭到人为的破坏和背离。一些不和谐的音符破坏着现代竞技体育和谐内涵的主旋律。

以奥林匹克运动为代表的现代竞技体育文化的源头是古代希腊的奥林匹克运动，但现代竞技体育毕竟是人类进入工业文明后的产物，资本主义以商品经济作为整个社会运作的基础，其金钱关系、价值观念不可避免地侵蚀现代竞技体育精神。尤其是20世纪80年代以来，竞技体育商业化、职业化日益广泛，这为现代体育运动带来了巨大的生机和活力，但也伤害了体育本身，不可避免地玷污了竞技体育的神圣，导致竞技体育服从于商业利益。集团利益的矛盾激化，国际奥委会高层官员和裁判员收受金钱贿赂，如有名的盐湖城贿赂丑闻等体育腐败屡见不鲜。“兴奋剂”现象屡禁不绝、层出不穷，而且高科技制造的违禁药物有增多之势。此外，有目共睹的踢假球、吹黑哨的现象，都是在利益的驱使下，以金钱取代公平公正。拜金主义破坏了现代竞技体育中人自身的和谐。

生态环境受到破坏人类的竞技体育活动依赖于自然环境，也对自然环境产生重大的影响。在现阶段，体育活动与生态环境在许多方面还形成矛盾冲突，比如，为了开辟体育场地、修建体育设施，大兴土木，毁坏大片森林、农田和绿地，对环境造成严重破坏。举办措施失当的话还会破坏矿产、污染水等自然资源。尤其是大型竞技赛事的举办给城市的生态环境带来许多不利因素，运动设施侵占大量土地和空间，频繁的交通污染空气，竞赛运动引起噪声，聚集在一起的人群不断地制造垃圾。现代竞技体育在一定程度上破坏了生态平衡，对人与自然的和谐带来了一定的困扰。

暴力屡禁不止。竞技体育需要力的爆发，在力度中呈现人体运动的强烈美感。但在现代体育竞技场上，这种力与美的结合却遭到变异、变形。比如世界级足球比赛时球迷之间大打出手、运动员之间互相攻击，往往需要耗费大量的财力人力维持比赛秩序。许多体育明星在公众场合实施暴力，违反法律。观众对竞赛冠军的崇拜达到白热化，甚至产生畸形心理，有因过于“热爱”明星而将之绑架的，也有痛恨运动员的偶尔失误袭击他们甚至将之枪杀的。种种丧失理性的行为违反了现代竞技体育所弘扬的理性精神和维护世界和平的初衷。围绕着竞技场展开暴力行为的根本原因是目前竞技体育过于重视在力量的爆发中优异成绩的获取，忽视了人体精神与外形的和谐，它导致的结果是侮辱了公平公正的原则，破坏了竞技体育中人与人之间的和谐关系。强权政治侵入现代竞技体育的宗旨是在没有任何歧视的前提下，以友谊、团结、公平的精神组织体育活动，促进各个国家民族之间的交流，各种文化之间的相互了解和融合，从而建立一个和平的美好的世界。

在当今的国际大环境下，竞技体育深受国际政治、各种意识形态的影响。竞技体育作为一种社会活动，对人类的整体文化和精神文明有很强的感召力，但它毕竟不具备强制性，竞技体育文化无法将不同的意识形态统一起来。相反，不同的意识形态的力量渗透在竞技体育的领域里。在现实中，竞技体育往往成为强权政治、霸权主义活动的舞台。各种政治力量都企图借竞技体育的场所扩大对国际局势的控制力，甚至神圣的奥林匹克运动会在一定程度上被利用为扩大政治影响和攫取商业利益的工具。意识形态化倾向和强权政治破坏了竞技体育文化精神所塑造的国际社会的和谐与美好。现代竞技体育文化和谐内涵的回归现代竞技体育运动在其发展的过程中出现的诸多问题——将体育作为谋生甚至发财的手段，取代生命价值的展现；生态环境破坏；竞技场上的暴力风暴；竞技体育的政治化——冲击着现代竞技体育和谐理念的根基。人们必须重新呼唤竞技体育赖以产生和发展的“和谐家园”，“绿色体育”“绿色奥运”蓬勃兴起，“绿色奥运”的理念是促进奥运会为代表的竞技体育文化与生态环境的相互协调、相互关怀、共生共容、共同发展。

竞技体育文化建构人自身的和谐造就和谐的人的个体，就是要使一个人既有健康的身体，又有健全的人格，有正确的世界观和人生观，能正确地看待和处理个人与环境的关系。竞技体育文化对人和谐的塑造，首先就体现为对人的身心发展一致的追求。古希腊人很早就认识到了体育赐予人们的是：健全的精神寓于健全的体魄中。社会场合比竞技场更能体现人类在激烈竞争之中所孕育的公正和谐。竞技体育堪称一切竞争的典范，它为人类社会构筑了一个公平竞争和规范竞争的模式，这是一个平等、和谐，每一个人都乐于接受的竞争模式。它必然对全社会的竞争产生深远而广泛的影响，有助于推进全社会人与人之间的和谐关系。

竞技体育文化建构国际社会关系的和谐。古希腊奥林匹克运动会的“神圣休战”为世人所熟知，展现力与美的体育运动比表现残暴的战争更为高尚、神圣，竞技体育的古老渊源中已内涵了各个政治主体之间和平、友好的基因。人类从动物祖先那里继承了暴力和攻击性的本能，这种本能在人类理性和道德伦理的约束下转为隐形。在文明社会里，竞技体育可以将这种暴力和攻击性的本能以有效而安全方式加以转移和倾泻，“体育运动的最大功能是替那些最不可或缺但又最危险的攻击类型（战斗热情）——加上一个健康而且安全的活门。”竞技体育不仅将攻击性引向有益的渠道，而且促进各个国家之间的相互了解、民族文化之间的相互交流，促进全人类的和谐共处。

从广大青少年的意识层面开始，实现竞技体育全方位的和谐。首先，现代竞技体育将身体教育与精神教育有机统一起来，这是竞技体育教育的鲜明特征。奥林匹克运动是当代社会中人们进行身体教育和精神教育的重要方式，奥林匹克教育也足以成为现代竞技体育的楷模，奥林匹克教育理念的精髓在于：它不仅使青少年得到发达的肌肉，匀称的肢体和机敏的头脑，而且着眼于让他们拥有健全的心理素质和良好的社会公德，成为全面发展的人。围绕着这一点，“奥林匹克运动借助广泛的传播手段和其特有的活动方式，不仅促进人们增强体质，还能发展人的意志力、想象力、创造力等各种精神力量，使人身心协调发展。”其次，现代竞技体育以友谊、团结、公平、平等、民主、和平等精神组织体育活动，教育青年。现代竞技体育所贯注的这些原则，通过教育，将泛化成社会和谐发展的精神准则，以实现一个美好、和平的世界为终极目标。

中国传统体育在国际社会的弘扬。西方文化是竞技体育的母体，它以利益原则为导向、以个人价值为基准、以商品经济为主体的西方文化有其无法割舍的功利性本质特征。中国传统文化以儒家礼教为根基，重视道德，鄙视利益的获取，重视群体和社会的整体和谐，强调个人价值服从于群体观念，在传统的农业经济的基础上孕育出“道法自然”“天人合一”的宇宙观和人生观。

具体到体育文化方面，古希腊的奥林匹克运动会狂热地执著于竞技比赛的胜利，“或得桂冠，或舍生命”是他们的口号；华夏传统体育思想则着重于修身养性、强身健体，传统竞技体育项目，如龙舟赛、武术、马球、蹴鞠等，与其说是你死我活的争斗，不如说是在营造一种欢乐祥和的气氛，促进人与人之间的交流与和谐。生生不息、进取不已则是中西竞技体育文化的契合点。在这一契合点上，弘扬中国传统体育文化，弥补西方竞技体育文化的不足，将中华传统体育文化的精髓浸润在现代竞技体育的原则与理想之中。中华传统文明中所蕴含的伦理道德对于当今竞技体育中不和谐的因素有天然的整合作用，它与奥林匹克运动能形成良好的互补，汇合为一种必然的发展趋势，在其最高理想中实现人的身体与心灵的和谐、人与自然的和谐、人与人的和谐、国际社会关系的和谐。“体育就是美，体育就是正义，体育就是进步，体育就是和平。”《体育颂》的这段名言充溢着和谐的精神：美是真与善的统一而呈现的和谐状态；正义是人类社会和谐的基石；进步与和平体现了人类在追求、进取中实现世界秩序和谐的理想和目标。以奥林匹克为代表的现代竞技体育精神的终极意义在于消除个体内部的矛盾、个体之间的矛盾、各种政治经济利益的矛盾、意识形态的差异、宗教信仰的冲突，建立一个友好互助、和平美好的世界，这是符合全人类理想的更高层次的和谐。竞技体育运动中的社会问题对其和谐内涵的破坏，制约了竞技体育的良性运行和协调发展。但竞技体育在发展过程中经历磨难与洗礼，始终在变化之中取得一种和谐与平衡。

9.5 王阳明心学体育思想与现代奥林匹克精神的冲突与融合

奥林匹克精神的源头是古代希腊文明，古代希腊对人的体格力量与健康的崇尚是奥林匹克运动竞技比赛的基础。古代奥运中对人的体能、技巧的挑战体现着古希腊人竞争与开拓意识。古代奥林匹克神圣休战既是对和平的渴望，也体现出希腊人对神和自然的敬畏。在古代奥运会文化背景中，有一种坚定的信念，那就是极其重视个人价值，捍卫个人的独立性。古代希腊奥林匹克运动的这些价值观念都已成为现代奥运的核心价值。

现代奥林匹克运动复兴以来，奥林匹克精神经历了从挑战自我、追求人的身心协调和全面发展到追求运动竞技的人性化、人类文化的多元和谐、人与自然的和谐共存的历史演变。在现代奥林匹克运动的历史上，曾经有“永远争取第一，永远超过别人”的口号。今天，许多有识之士认为仅仅提倡“更快、更高、更强”是远远不够的，我们必须提倡一种更为人性化的，更为团结的奥林匹克精神。用1908年美国宾夕法尼亚州大主教主持讲道时的一句话来说，那就是“参与比获胜更重要”。

现代奥林匹克兴起之时，也正是人类科学技术突飞猛进之时。一个多世纪以来，科学技术给人类的生活带来天翻地覆的变革，也从各个方面深刻影响了奥林匹克运动的发展和演变，为奥林匹克精神注入了鲜明的时代特征。一方面，西方文化中民主、自由、竞争、拼搏、开拓、进取、重视个体、尊重科学等要素构成了现代奥林匹克精神的灵魂与核心，这使奥林匹克运动染上了浓重的西方文化色彩。另一方面，随着奥林匹克运动会在全球的开展和奥林匹克精神的普及，奥林匹克运动已成为各国文明与文化集萃、对话与交往的论坛，成为全球文化多样性与差异性互补共存的平台，尤其是成为东西方文明交融与互动的平台。在当代科技、人文，生态伦理的交互影响下，奥林匹克运动的这种文化多样性与文化对话主义已经成为全球化时代人类文化发展的重要表征之一。从奥林匹克文化的生产与消费情况来看，奥林匹克运动已经成为全球化的超国家、超文化、超等级、超地域的百姓的巨型狂欢节，成为一种由国家主义、消费主义、商业主义共同主宰的泛文化。

当前，奥林匹克运动中出现了过度商业化、滥用兴奋剂、职业性腐败等问题。黑分、黑哨、假体育、假比赛、假球危及了奥林匹克理想，玷污了崇高的奥林匹克精神。这些都与作为现代奥林匹克运动核心价值的西方理性中心主义文化有着根本的内在联系。

奥林匹克运动中出现的问题无法仅靠西方文化来解决，需要从其他文化形态，特别是东方文化中寻求有益的启示。

文化背景的冲突。我国体育文化是典型的大陆民族文化的一部分，是以个体农业为基础、守法家庭为背景、王阳明心学思想为核心的，具有反对冒尖、反对竞争、缺乏平等思想和自由选择的传统习俗。人们追求安稳、平静的田园生活，因而在传统体育中极少有激烈的竞争活动。

而奥林匹克精神则属于海洋性民族文化的一部分，是以古希腊文化为起源，经过文艺复兴和产业革命，以个人自由、个人竞争为背景，以宗教思想为核心的，人们推崇力量和竞争。因此，两种体育文化所依存的文化背景有明显地区别。

价值取向的冲突。价值取向指的是人们在价值选择上的趋向。每种文化系统均有其特定的价值取向，它隐藏于该文化系统的每个成员的意识之中，规定了人们的价值标准，支配着人们的行为方式。中国传统的体育文化价值观强调整体性、和谐性和统一性，形成了“动静结合”“刚柔相济”的一种调和矛盾、缓和冲突、淡化竞争的独特格局。例如道家倡导的“静以养身”和“静以养神”；儒家文化主张的“礼之用，和为贵”与“和谐对称”的运动观。中国传统体育的“阴阳五行”“经络”与“气”等概念，是道、儒等家提出的直觉思维观的具体体现。

而奥林匹克精神以崇尚竞争、突出修改、精英至上为主要的价值取向，它主张通过不断超越体能的极限，追求技艺的完美，从而展示人们美好的理想与愿望。而我国传统体育文化趋于保守、内倾、自闭的思想不同于奥林匹克精神；贵贱等级原则与奥林匹克的平等原则发生冲突；共性至上原则也有别于奥林匹克精神倡导的个性全面发展。

运动形式的冲突。运动形式是在一定的运动文化指导下发展和完备起来的，同时，它本身也是运动文化的重要组成部分。由于中西文化的巨大差异，在此基础上形成的运动形式也必然风格迥异。

奥林匹克精神的融合。“至善”“修身正心”“大同”与“更干净、更人性、更团结”儒家对理想社会的追求不仅有崇高的目标，而且有具体的措施，即格物、致知、正心、诚意、修身、治国、平天下。这是一种由近及远、由己及人、由小到大、同个体到群体的修养方法，使人达到道德修养“至善”的境界。然而在近代，人类社会的规范与体育道德不断受到挑战：两次世界大战差点使奥运会夭折；1972 年慕尼黑奥运会上 11 名运动员惨遭枪杀；兴奋剂事件层出不穷；基因技术也即将进入体育界。为了整治运动环境、净化人类心灵、重树奥林匹克的美好形象，“更干净”的呼声越来越高。从本质上说，儒家的“至善”理想与奥林匹克新格言中的“更干净”的追求目标是一致的。

儒家的理想社会是“天下为公”和“大同世界”，希望通过人们自己的辛勤劳作、诚实无欺，换取回报，达到人人相爱、各有所安。这种对世界美好与和平的追求，也是奥林匹克精神的内涵。奥林匹克的理想之一就是要以其独有的感召力与亲和力，去化解民族矛盾、缓和战争冲突，使“地球村”的村民更幸福、更温馨。因此，从某种意义上说，“更团结”的奥林匹克新格言就是在新时代对儒家“大同”思想的反思和实践。

10 结　论

关于心学的研究一直以来都受到思想家的热议。究天人之际，探人与宇宙万物之间的关系，这是宋明理学家们共同的话题。“宇宙观决定人生观，既然宇宙是一个和谐的生命统一体，实现个体生命与宇宙生命的融合，以体验宇宙间最高的真善美，也就自然成为古往今来中国人所追求的人生最高境界。”

王阳明体育思想从人对万物的态度回归到珍视自身的哲学，从宇宙观中探寻养生的方式，贯穿于自身的生活与行为之中。王阳明所究的理与程朱所论的天地万物所以然一类的理有所不同，他所关心的只是天地万物之间的那种关系，一种内心之中止于至善的天理所在。王阳明的万物一体论，表现他对人类和宇宙生命的高度尊重、同情和责任意识。这一已生命的位置在哪里？就在这投身于一体生命的肯定与实现的过程之中，使一己生命本身也得到了完善、得到了自我的实现。在践履一体之仁的过程之中，自己的生命得到快乐。这不仅只是农业社会的一种人生体验。同时也是中西圣智所共同印证的生命智慧。

在此引用史怀哲的一段话：作为一种与世界有积极联系的存在者，他与这个世界有一种灵性的关联，并不是靠单单为他自己活着这个事实，而是靠他自己与他的存在领域所有生命是一体的这一感情。他将所有的生命体验感受为他自己的体验，她尽己之所能给这个一体以帮助，他感受到生存对于他来说要比他只为自己而活着要艰难得多，但同时，这又是一种更丰盛、更美妙、更幸福的生存。

在历史的发展中，虽然中西哲学观与生命观有所不同，但人与万物的和谐将会成为共同的永恒真理。从前人的思想中寻找对自身发展的启示，不论是现在还是未来都很有必要，这是对人类智慧的传承。

体育研究方法是指人们从事科学研究工作，探索和揭示研究对象与规律所需一套科学思维和操作规则，从而有序地指导解决问题的途径。体育科学研究成果的取得，除其他因素影响之外，正确运用研究方法是一个极其重要的原因，没有正确的研究方法便没有科学的发展。

10.1　研究不足和创新点

构建科学合理的体育科技创新体系是面向创新型国家建设需求，推进体育科技创新发展，促进体育强国建设，服务于体育发展方式转变，实现全社会体育科技资源科学、高效配置和综合集成的重要保证。多年来，我国的体育科技工作在党和国家的支持下，取得了长足的进步和一定的成绩。当前，我国正在进一步推进国家创新体系建设和科技创新体系建设，力争早日实现创新型国家的发展目标。体育领域也在积极调整自身发展战略，转变自身发展方式。在这一发展背景下，构建我国的体育科技创新体系，推进体育科技的创新发展成为了当前体育科技工作的重点。我们采用文献资料法、专家访谈法、问卷调查法、数理统计法、案例分析法，在厘清我国体育科技发展及其创新体系演变脉络的基础上，参考国家创新体系的分析框架，借鉴有关国内外体育科技创新发展的先进经验，探讨了新时期构建我国体育科技创新体系存在的制约因素、亟须解决的问题、面临的挑战，我国体育科技创新体系的功能、目标、要求、内容、构建的措施和手段，构建我国体育科技创新体系中管理机构及管理职能改革、动力机制、保障机制改革的思路等重要问题，力图提出符合我国发展实际和发展需求的体育科技创新体系构建思路。

(1) 体育科技创新体系是行业性科技创新体系，是国家创新体系的重要组成部分。体育科技创新体系是指在体育领域，由生产企业、科研院所、高等院校、科技中介组织以及其他科研与服务机构等相关组织构成的，开展知识创新、技术创新、管理创新和制度创新等相关活动的有机系统。体育科技创新体系具有一定的层次结构和整体功能。

(2) 我国体育科技创新体系建设的创新主体和创新平台等要素已具备，但系统性、组织性不足。在体育领域中，政府、体育企业和体育运动技术创新者、科研院所、高等院校、生产企业、科技中介组织以及其他科研与服务中介机构构成创新主体。创新平台，如：重点实验室、体育社会科学重点研究基地、信息化平台等已建成。但各创新要素之间的协同不足，创新能力有待进一步提高。

(3) 影响我国体育科技创新体系发展的因素具有多样性。宏观决策和管理体制方面，顶层设计不足、系统协调性差等；创新主体方面，公立科研机构科技力量薄弱、成果转化率低、体育院校与企业创新能力有待提高；创新机制方面，体育科技投入总量不足且结构不合理、产学研合作脱节；创新环境和条件方面，科技基础平台建设相对滞后、市场机制作用有待发挥；政策支撑方面，政府的导向作用、激励方式需要加强。其中，宏观决策和管理体制、创新机制和政策支撑等是当前制约我国体育科技创新发展的关键。

(4) 构建我国的体育科技创新体系，主要在于发挥其体育科技创新平台的搭建功能、体育科技成果的培育功能、体育科技成果的推广功能。知识创新体系、技术创新体系、管理创新体系、制度创新体系一起构成了整体的体育科技创新体系。这 4 个要素相辅相成构成整体作用系统，并以知识和技术的创新为体育科技创新体系的最终落脚点和价值归宿。体育科技创新体系的建设，需要使不同层面的创新活动得以协同发展，从而提高体育科技资源的利用率和创新效率。

(5) 我国体育科技创新体系的发展离不开政府的推动与支持，政府在体育科技创新建设中主要在于发挥其导向、控制、协调等宏观管理功能，实现其监督、调控和提供公共服务的作用。我国体育科技创新体系管理体制的改革主要从管理机构、运行机制、保障机制3个方面进行。

(6) 在体育行业内加强创新思想观念和创新文化的建设。进一步发展完善市场机制和竞争机制，转变观念，清除等、靠、要的依赖心理，塑造重创新、敢于标新立异的体育文化，在体育行业内率先营造有利于体育科技创新的鼓励探索、敢冒风险、容忍失败、尊重不同学术意见的内部环境。

(7) 坚持体育领域不同研究方向并重。坚持群众体育和竞技体育领域科学研究并重的基本政策，进一步加强体育产业科学研究。

(8) 区别推进体育基础研究与应用研究。针对基础研究与应用研究在研究目的和效用、主要承担机构、研究动力等几个方面的差异，采取不同的推进策略。

(9) 多层次促进体育科技成果转化。围绕科技研究、成果转化、产品开发、信息交换等多样态网络状体育科技成果转化内容和结构，政府、高校、科研院所、企业、中介机构等形成一个有利于实现体育科技创新成果转化目标与实效的组织结构。

(10) 促进体育科技的协同创新发展。建立一个有效的载体，使协同创新体之间的核心创新要素形成有机结合，形成合理、稳定、高效的协同创新合作机制，并通过协同创新打造体育科技创新发展的竞争优势。

(11) 推进体育科技专业化智库建设。建立和完善智库参与决策的长效机制、建立和完善规范灵活的智库运行机制、提升智库的研究质量和竞争力。统筹各种科技资源，形成定位明晰、特色鲜明、规模适度、布局合理的体育科技智库体系，建设具有一定影响力的体育科技专业化高端智库。

由于许多局限，使我们无法得到本研究所涉及的体育产业各子系统的全部历史数据。尽管我们只能将能够查阅到统计数据的部分产业纳入定量分析，而且也仅选取了2007年我国体育产业中的体育用品制造业和体育器材制造业市场集中度的判断依据，但这些产业及其历史数据无疑是具有代表性的，它们在相当程度上反映了我国体育产业的市场集中度。本研究选取市场绝对集中率和赫芬达尔指数作为市场集中度衡量指标，并以2007年的相关数据作为研究的依据。市场绝对集中率分析，我国体育产业中的用品业和制造业的年营业额及制造业的总资产看，指标的CR8均小于40%。因此，目前中国体育产业市场仍属于集中度低的竞争阶段。相对而言于美国、英国等体育产业在千亿美元以上而言，我国体育产业集团化的进程才刚刚起步，还需要较大力度的整合，实现产业结构的优化和规模经济。赫芬达尔指数分析根据统计数据，计算了2007年体育产业的体育用品制造业和体育器材及配件制造业的赫芬达尔指数分析。说明我国体育用品业过于分散，数量过多，同质化严重，造成无序竞争和综合实力的减弱。应该依靠市场力量整合体育资源，建立大型体育集团（如中体产业股份公司），实现规模效益，是我国体育产业发展趋势之一。行业进入壁垒将逐步市场化随着国家对于体育产业集团化改革力度的加大，目前体育产业的进入壁垒有了很大的改变。

首先，政策法律壁垒逐步降低。由于体育机构长期受体制束缚，市场意识总体不强，市场开发手段不多，经营效果不佳，在培育和拥有体育资源、塑造机构品牌、建立营销网络、制定产业技术标准等领域尚不形成对后来者的排他性控制。但近几年随着体育产业的发展，体育产业方面的政策越来越宽松，这有利于各企业之间的公平竞争。

其次，在必要资本量方面也不存在较高的门槛。摆在我们面前的现状是，中国各体育资产拥有量普遍少、资本实力严重缺乏。造成这种状况的根本原因在于体育资本制度的约束。大多数体育产业在开办初期原始投入不够甚至根本就没有投入，长期依靠借贷和赞助维持作坊生产的体育产业在发展中更是捉襟见肘，资本实力有限，因此对于新进体育产业不存在资本壁垒，但是随着近几年体育投资规模越来越大，体育产业特别是体育集团的资本进入壁垒越来越高。

第三，中国体育产业规模经济性不够突出。除极少数体育机构有一定经营规模外，绝大多数体育机构规模不济，势单力薄。同时，与中国庞大的体育产品消费市场相比，我国体育产品的供给满足率低下，市场远远未达到饱和状态，即使存在局部的过剩，那也是产品结构性问题所致。但是，随着国家对于体育产业改革力度的加大，特别是体育集团的不断涌现，规模经济性越来越成为体育集团市场较大份额后才能享受到规模的经济性，规模经济壁垒不断提高。

从分析中，我们看到中国体育产业目前的市场结构的演变趋势是：从低市场集中度的竞争性行业，向垄断性市场结构转变，以实现规模经济效益；同时，体育产业市场竞争力也在逐步加强，并且将通过市场化运作逐步参与到国际竞争中去。差异化程度逐步加大体育市场的发展在很大程度上受商品经济发达的水平、人们收入的高低、闲暇时间的多少、文化氛围和思想观念的差别、生活方式的不同等因素影响。从地域看，东南沿海开放地区和内陆大城市的经济发展较快，体育市场发展较快。在多种所有制参与下，在沿海地区和中心城市已经建立了一批体育健身娱乐场所，部分地区已经出现了买方市场，初步形成了体育市场体系。如深圳市20世纪80年代以来，兴建了多种健身俱乐部及保龄球、高尔夫球、台球、网球、乒乓球、游泳等经营性场所。而经济发展落后地区特别是农村体育市场意识比较淡薄，甚至处于不接受状态。从区域体育消费看，据调查，目前城市居民体育消费水平也呈现出东南沿海地区高于中西部的不平衡状态。1997 年，广州市人均年体育消费为 465.48 元，年体育消费占生活费收入的 4.7%。地处北部的长春、吉林、四平市市民人均年体育消费为 86.33 元。中部地区的武汉市，1995 年人均年体育消费 69.54 元占 1.7%。1994 年兰州市市民人均年体育消费为 55.75 元，占生活消费的 1.9%。上述数字说明，居民用于体育消费支出的比例还很低，而且经济发达地区和欠发达地区，存在明显的水平差异，甚至收入相当的不同地区，由于受其他因素影响，也存在明显的差别。

10.2 未来展望

随着人们的物质水平逐渐增高，体育将更加普及到大家的生活当中，成为大家生活的一部分，广大群众对体育的热爱随着社会不断发展变得更加高涨。人民群众在得到物质生活的同时，更加希望自己能拥有一个健康的身体，而体育恰恰能够满足大家这个欲望。

现在提倡全民健身，每个人的健身目的也相当明确。全民健身是指全国人民，不分男女老少，全体人民增强力量，柔韧性，增加耐力，提高协调，控制身体各部分的能力，从而使人民身体强健。旨在全面提高国民体质和健康水平，以青少年和儿童为重点，倡导全民做到每天参加一次以上的体育健身活动，学会两种以上健身方法，每年进行一次体质测定。为纪念北京奥运会成功举办，国务院批准从 2009 年起，将每年 8 月 8 日设置为“全民健身日”。进行体育锻炼可以不断地增强体质，促进身体健康，还可以缓解精神的压力。目前，体育已经受到广大群众的热爱，特别是 2008 年奥运会在首都北京举办，进一步促进了我国全民健身和体育运动的发展。

在过去，体育在我国一直是不被特别看重的事业，甚至在很多人眼里都是不被看好的。大多数人都觉得体育这个行业不比其他行业“正规”，没有大的发展前途。在大多数人眼里，体育不光光是室外运动，也就是仅仅身体上的活动。这种观念在大学其他专业学生眼里，也很常见。

目前，随着人们对体育运动认识的提高和改变，越来越多的体育项目都成立的各种俱乐部。这些俱乐部虽然都是营利性质的，但运动的人还是多了起来。在这些俱乐部中，拥有各种健身项目，有小众的也有大众的。大众的不仅仅只有篮球、足球、羽毛球，还有专门的健身俱乐部。在这些健身俱乐部中，参加锻炼的大多数人就是为了锻炼出一个完美的身材。小众的项目有高尔夫、马术、击剑等，这些项目都是比较高雅的运动，花费很大，但也正在慢慢普及。运动的人越多，市场就越大，这也是未来我国体育运动的发展趋势。

国运盛则体育兴。

新中国成立六十年来，伴随着共和国波澜壮大的发展历程，中国体育事业也取得了举世瞩目的辉煌成就。特别是北京奥运会和残奥会的成功举办，有力推动了中国体育事业的长足发展，极大激发了中华儿女的爱国热情和民族自豪感。体育是综合国力的重要组成部分，也是社会文明的重要标志。深入开展全民健身运动，不断提高竞技体育水平，努力推动中国由体育大国向体育强国迈进，已经成为全民的共识。

当前，我国社会主要矛盾已经转化为人民日益增长的美好生活需要和不平衡、不充分的发展之间的矛盾。体育恰恰是增强百姓幸福感、获得感、满足感和将全民健康、健康中国落到实处的有效途径之一。未来 10 年，将是中国体育产业大发展的 10 年。

10.2.1　我国体育产业现状

我国体育产业现状见图 10-1～图 10-5。

图 10-1　我国体育产业总体规模

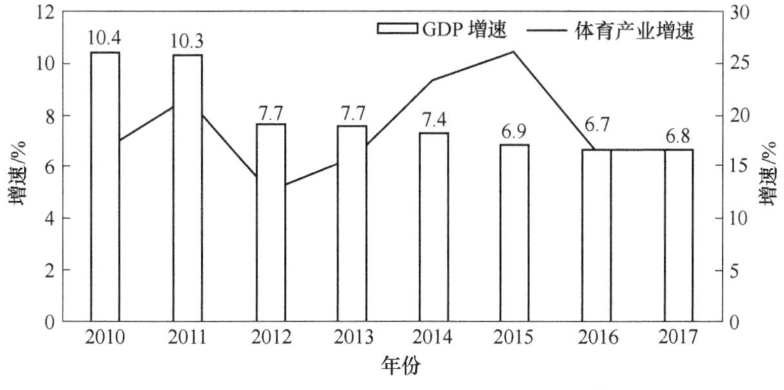

图 10-2　2010～2017 年我国 GDP 增速和体育产业增速

图 10-3　2010~2016 我国体育产业增加值及增速

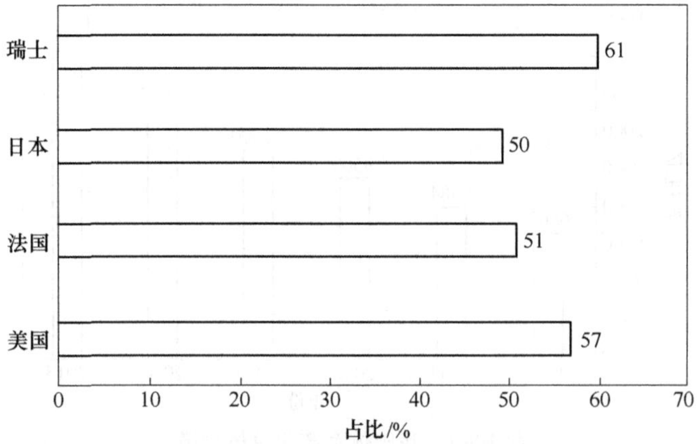

图 10-4　发达国家体育服务业占比

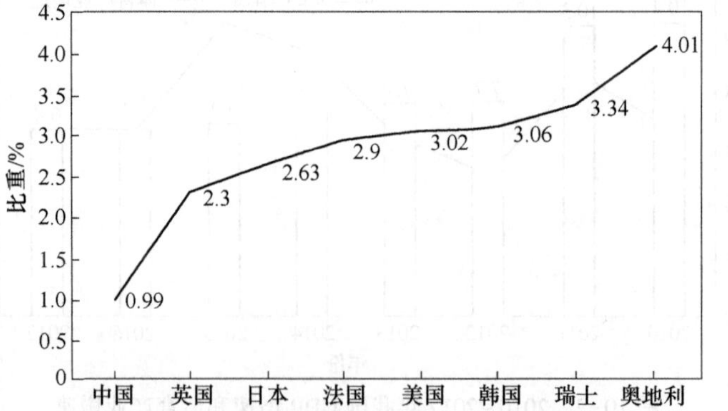

图 10-5　发达国家体育产业增加值占 GDP 比重

从目前体育产业结构看，我国与发达国家相比体育服务业占比偏低。目前，我国体育用品占比达到65.7%，体育服务业占比仅为33.4%。而在美国体育产业结构中，体育服务比重高达57%，体育用品制造仅占28%。具体见图10-6~图10-9。

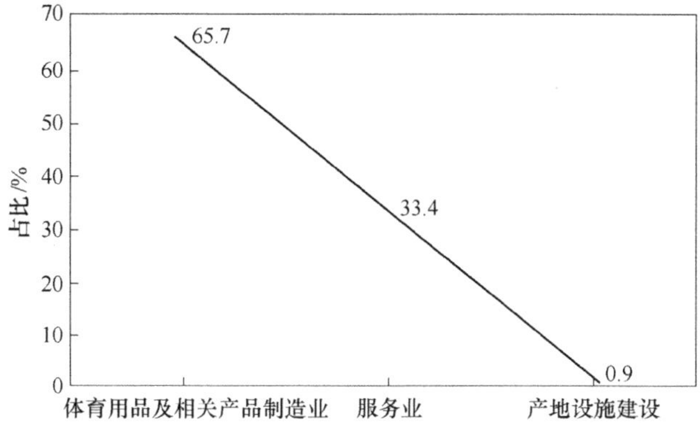

图10-6 2015年我国体育产业结构

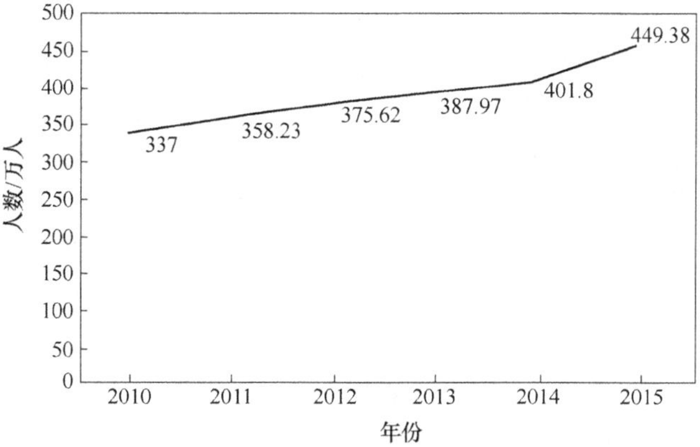

图10-7 2010~2015年我国体育产业从业人员

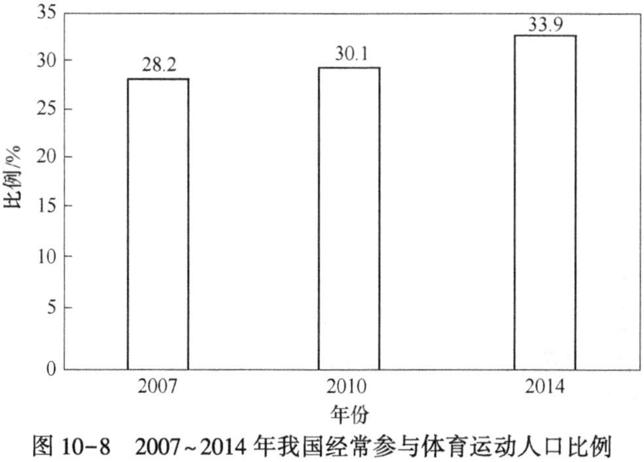

图10-8 2007~2014年我国经常参与体育运动人口比例

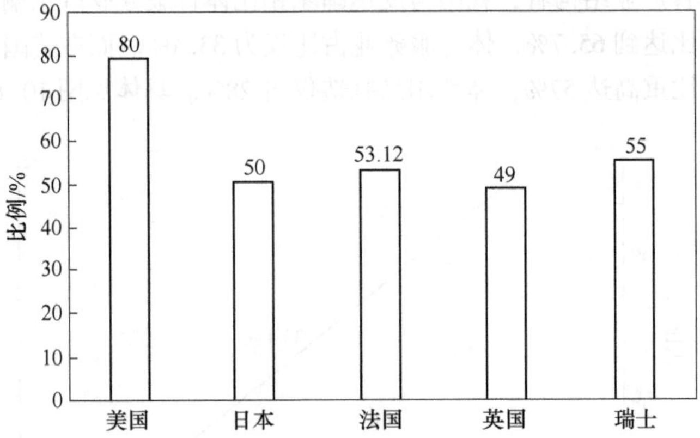

图 10-9 国外经常参与体育运动人比例

10. 2. 2 我国体育发展趋势

未来 10 年，是推进健康中国建设的重要战略机遇期。经济保持中高速增长将为维护人民健康奠定坚实基础，消费结构升级将为发展体育服务创造广阔空间，科技创新将为提高健康水平提供有力支撑，各方面制度更加成熟、更加完善，这些都将为体育领域可持续发展构建强大保障。具体表现在几个方面。

（1）政策发力。《关于发展体育产业 促进体育消费的实施意见》《全民健身计划（2016-2020）》《健康中国 2030 规划纲要》《关于加快发展健身休闲产业的指导意见》《关于大力发展体育旅游的指导意见》等，所有政策都把体育产业作为推动中国经济转型升级的重要力量。

（2）消费升级。目前，我国人均体育消费仅为发达国家的十分之一，发展潜力巨大；人均 8000 美元以上，运动健身消费将有质的飞跃；体育消费需求从传统的体育制造用品初次消费转向娱乐性消费、观赏性消费；年轻消费群体、女性群体对于新型体育运动的消费需求增强，如马拉松、雪上运动、户外运动等。

（3）资本关注。目前，万达、恒大、华夏幸福、绿地、富力、上港、权健、富德、东胜、苏宁、广厦、广汇等房地产投资商均涉足体育产业；腾讯、阿里、新浪、网易、百度、京东、暴风等新媒体也都在投资体育产业；体育产业发展前景光明。

到 2025 年，中国体育服务业在整个体育产业中占比将达到 50%，体育服务业总规模将接近 2 万亿元。

按照国际通行研究标准，当人均 GDP 达到 5000 美元的时候，体育产业的发展会呈现出一个“井喷式”的发展态势，而中国目前人均 GDP 已经超过 8000 美元，体育产业高速发展恰逢其时。

未来体育产业将呈现的态势。

体育产业成为全社会战略性产业。目前，体育产业在美国位居美国产业的第六位，在日本位居主导产业的第二位。体育产业不仅仅是体育部门的产业，而是全社会的产业。未来十年，体育产业将成为带动中国经济转型升级、结构调整、创新驱动、就业保障的重要战略性产业，是推动健康中国建设、建成全面小康、实现两个一百年奋斗目标的重要组成部分。

“体育+”融合态势充分体现。未来十年，体育产业将插上“互联网+”、“AL+”的翅膀，搭载“物联网”快车，融大数据、云计算及物联网技术于一体，以竞技体育、全民健身、体育产业等为基本架构，整合教育、医疗、旅游、文化等“体育+”资源，构建一种全新、高级的体育生态系统。

体育产业新的组织方式将形成。未来十年，体育产业间将加快产品全生命周期管理、客户关系管理、供应链管理系统的推广应用，形成基于体育消费需求动态感知的研发、制造和产业组织方式。

体育“精准制造、敏捷制造”能力得到提升。体育用品制造业将全面推广应用以绿色、智能、协同为特征的先进设计技术，产品的“精准制造、敏捷制造”能力将得到很大提升。

体育领域创新能力得到有效突破。2013 年，我国研发经费占 GDP 的比重首次突破 2%，意味着进入创新驱动大国行列，未来将加强群体智能体质管理，突破健康大数据分析、物联网等关键技术，研发健康管理可穿戴设备和家庭智能体质检测监测设备，推动健康管理实现从点状监测向连续监测、从短流程管理向长流程管理转变。届时，体育智能控制系统、应用软件、身体实时故障诊断软件和相关工具、传感和通信系统协同能力极大增强，将实现人、设备与产品的实时联通、精确识别、有效交互与智能控制，将为公众健身、健康提供个性化、多元化、高品质服务。

体育消费将形成万亿市场规模。随着消费从生存型向发展型转变，未来体育消费潜力将得到空前释放，体育消费总规模将达到数万亿元。见图 10-10 和图 10-11。

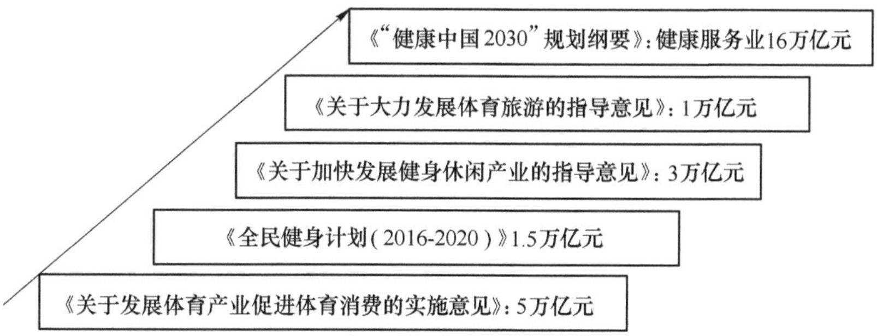

图 10-10　我国未来 10 年体育消费市场示意图

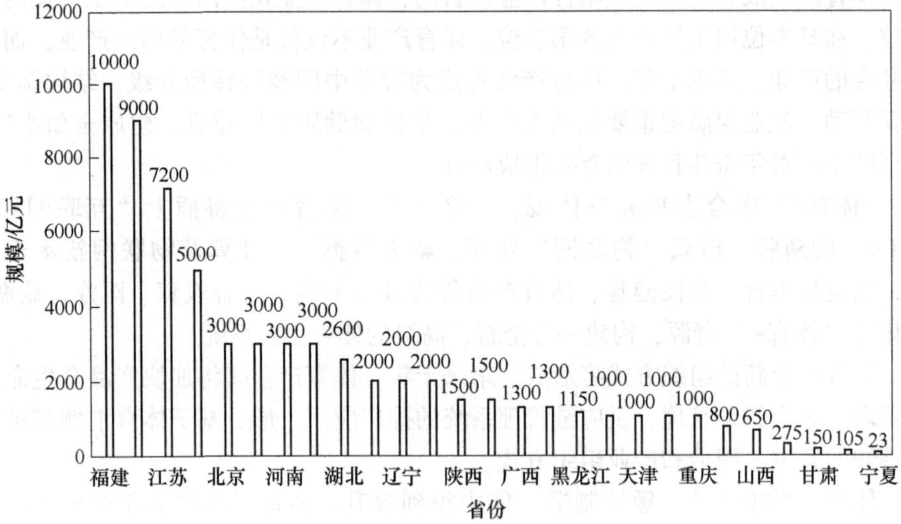

图 10-11　2025 年我国体育产业总规模

体育生活获得改变，“未来体育”发展将狂飙猛进。以满足体育消费、医疗健康、家庭服务、教育娱乐等服务机器人应用需求为主的产品进入发展高潮期，机器人本体、减速器、伺服电机、控制器、传感器与驱动器等关键零部件及系统集成设计制造等技术瓶颈获得突破，机器人按摩师、机器人太极培训师、机器人理疗师、陪跑机器人，陪打球机器人等将登堂入室，在“传统体育”保持活力的同时，人民的体育生活将获得改变，人民健康水平、幸福指数有效改善，幸福感、获得感、满足感全面提升。

参考文献

［1］王守仁．王阳明全集［M］．上海：上海古籍出版社，1992.
［2］王守仁．王阳明全集［M］．北京：线装书局，2012.
［3］王守仁．传习录［M］．北京：中国图书出版社，2012.
［4］周敦颐．周敦颐集［M］．北京：中华书局，1990.
［5］张载．张载集［M］．北京：中华书局，1990.
［6］程颢，程颐．二程集［M］．北京：中华书局，1981.
［7］朱熹．朱子全书［M］．上海：上海古籍出版社，2002.
［8］陆九渊．陆九渊集［M］．北京：中华书局，1980.
［9］王船山．王船山全集［M］．上海：上海古籍出版社，1992.
［10］船山全书编辑委员会．船山全书［M］．长沙：岳麓书社，1988.
［11］黄宗羲．明儒学案［M］．北京：中国书局，1985.
［12］冯友兰．中国哲学简史［M］．北京：北京大学，2010.
［13］冯友兰．中国哲学史新编［M］．北京：人民出版社，1999.
［14］冯友兰．人生哲学［M］．北京：中国国际广播出版社，2012.
［15］钱穆．阳明学述要［M］．北京：九州出版社，2010.
［16］钱穆．宋明理学概述［M］．北京：九州出版社，2010.
［17］钱穆．国史大纲［M］．北京：九州出版社，2011.
［18］钱穆．中国近三百年学术史［M］．北京：中华书局，1986.
［19］钱穆．国学概论［M］．北京：九州出版社，2011.
［20］钱穆．中国思想史［M］．北京：九州出版社，2011.
［21］钱穆．中国文化史导论［M］．北京：九州出版社，2011.
［22］陈来．有无之境——王阳明哲学的精神［M］．北京：北京大学，2006.
［23］杨国荣．心学之思——王阳明哲学的阐释［M］．北京：中国人民大学，2009.
［24］杨国荣．杨国荣讲王阳明［M］．北京：北京大学，2005.
［25］钱明．王阳明及其学派论考［M］．北京：人民出版社，2009.
［26］张祥浩．王守仁评传［M］．南京：南京大学出版社，2011.
［27］陈立胜．王阳明“万物一体”论——从“身—体”的立场看［M］．上海：华东师范大学出版社，2008.
［28］朱谦之．中国哲学史史料学［M］．北京：中华书局，2012.
［29］朱谦之．日本的古学及阳明学［M］．北京：人民出版社，2000.
［30］朱谦之．日本哲学史［M］．北京：人民出版社，2002.
［31］朱谦之．日本的朱子学［M］．北京：人民出版社，2000.
［32］吕思勉．理学纲要［M］．北京：东方出版社，2012.
［33］嵇文甫．左派王学［M］．上海：开明书店，1934.
［34］柳诒徵．中国文化史［M］．北京：中国人民大学出版社，2012.
［35］张岱年，方克立．中国文化概论［M］．北京：北京师范大学出版社，2004.
［36］侯外庐．中国思想通史［M］．北京：人民出版社，1960.

［37］侯外庐，邱汉生，张岂之．宋明理学史［M］．北京：人民出版社，1987.
［38］吴光．阳明学综论［M］．北京：中国人民大学出版社，2009.
［39］刘宗贤，蔡德贵．阳明学与当代新儒学［M］．北京：中国人民大学出版社，2009.
［40］陈荣捷．王阳明与禅［M］．台北：台湾学生书局，1984：12.
［41］［韩］崔在穆．东亚阳明学［M］．北京：中国人民大学出版社，2009.
［42］［日本］岛田虔次．朱子学与阳明学［M］．蒋保国，译．西安：陕西师范大学出版社，1986.